ポットブックス

かわいさいっぱい！

ハッピー壁面

12か月

チャイルド本社

CONTENTS

4月

5月

6月

7月

8月

9月

10月

11月

12月

4月

花びらに乗って おめでとう

さくら満開で動物さんたちもうれしそうだね。

案・製作●うえはらかずよ

Point

- さくらの花の下にじゃばら折りした不織布を重ねると華やかになります。

型紙
P.81～82

【材料】

色画用紙、画用紙、オーガンジー、
不織布、チュール、発泡スチロール板（台紙用）

にゅうえん
おめでとう

ならんだならんだチューリップ

みんなの園でも、もう咲いているかな？

案・製作●うえはらかずよ

【材料】　色画用紙、画用紙、クレープ紙、キラキラしたモール、発泡スチロール板（台紙用）

Point

筒状にした画用紙に、クレープ紙の花びらを貼ると、ふっくらとしたチューリップになります。

作り方

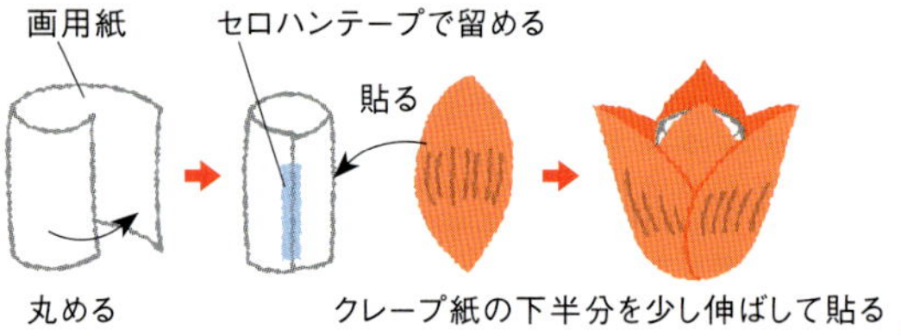

画用紙
丸める
セロハンテープで留める
貼る
クレープ紙の下半分を少し伸ばして貼る

型紙 P.83

おめでとう

カラフル花束でお祝い

春の花に囲まれて。
鳥さんやちょうちょうさんも
祝福してくれています。

案 菊地清美　製作 浦田利江

Point

- お花紙を何枚も重ねて、華やかさをアップ！

【材料】 色画用紙、画用紙、お花紙、不織布、リボン、モール、厚紙、発泡スチロール板（台紙用）

型紙 P.84

チューリップが咲いたよ

ふっくらかわいいチューリップ。どの花が好き?

案・製作●さとうゆか

【材料】 色画用紙、画用紙、布、綿、厚紙、発泡スチロール板(台紙用)

Point

- チューリップは厚紙に綿を貼って、布で包むと立体的になります。

作り方

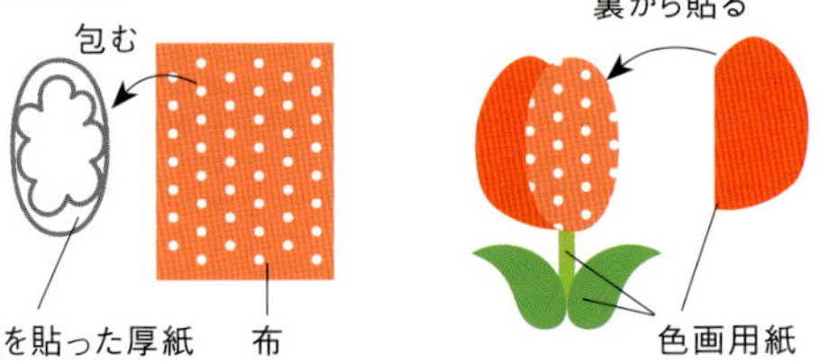

※チューリップの中心を画用紙にして、両サイドを布にしてもよいでしょう。

型紙 P.84

Point

- たんぽぽは、不織布と紙テープを重ねてボリューム UP ！

作り方

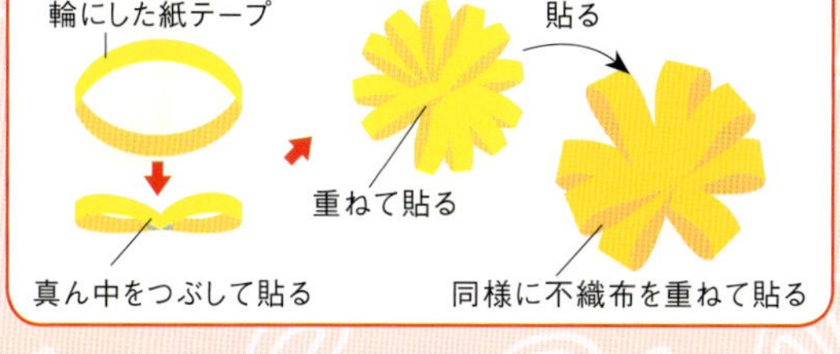

輪にした紙テープ
真ん中をつぶして貼る
重ねて貼る
貼る
同様に不織布を重ねて貼る

たんぽぽいっぱい うれしいな

野原一面に咲いたたんぽぽ。気球からの眺めはいかが？

案●菊地清美　製作●もり 結

型紙 P.85

【材料】 色画用紙、画用紙、不織布、紙テープ、発泡スチロール板（台紙用）

子どもと作ろう

ひらひらちょうちょう

ちぎった形がかわいい、華やかなちょうちょうさんがいっぱいです。

案・製作●町田里美

【材料】　色画用紙、折り紙、包装紙、モール、発泡スチロール板（台紙用）

型紙 P.86

子どもの作品

折り紙と包装紙を重ね、折り目を付けてひらひらさせます。

作り方

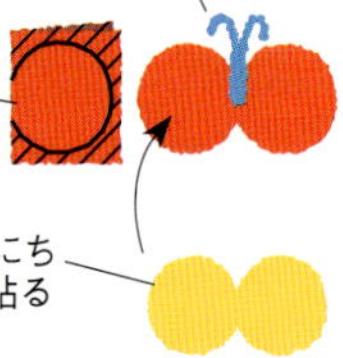

折り紙や包装紙を二つ折りしてちぎる

同様に少し小さめにちぎった物を重ねて貼る

モールを貼り、形を作る

春のラブリーブーケ

いろいろな素材でスタンプしたら、
まるでお花を集めたブーケみたい！

案・製作●いとう・なつこ

【材料】 色画用紙、包装紙、リボン、モール、厚紙・段ボール板（台紙用）、
スタンプ材料（片段ボール、綿棒、輪ゴム、段ボール板、エアーパッキング、フェルト）

型紙 P.86

子どもの作品

素材の違いでできる、さまざまな模様を楽しみながらスタンプします。

作り方 （いろいろなスタンプ）

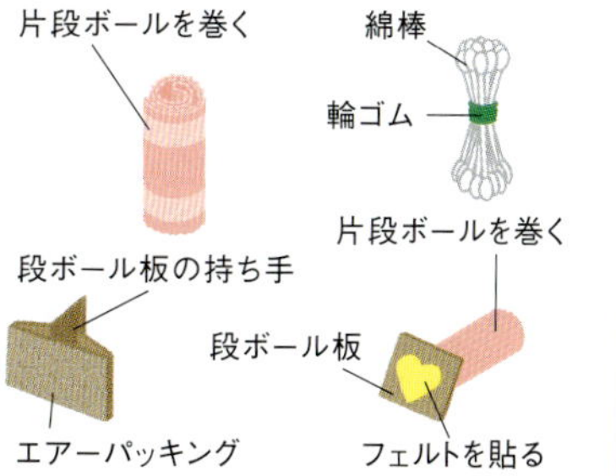
片段ボールを巻く
綿棒
輪ゴム
片段ボールを巻く
段ボール板の持ち手
段ボール板
エアーパッキング
フェルトを貼る

5月

元気に泳げ！こいのぼり

こいのぼりと
5月の空をスーイスイ！

案・製作●さとうゆか

Point

かぶとは、折り紙で伝承折りのかぶとを作って貼ると、立体的になります。

型紙 P.87

【材料】

色画用紙、画用紙、折り紙、
発泡スチロール板（台紙用）

うさぎ一家のいちご摘み

おいしそうないちごに、三つ子のうさぎたちもニッコリ！

案・製作●とりう みゆき

Point

いちごは、丸めたティッシュペーパーをお花紙で包むと、本物そっくりの仕上がりに。

作り方

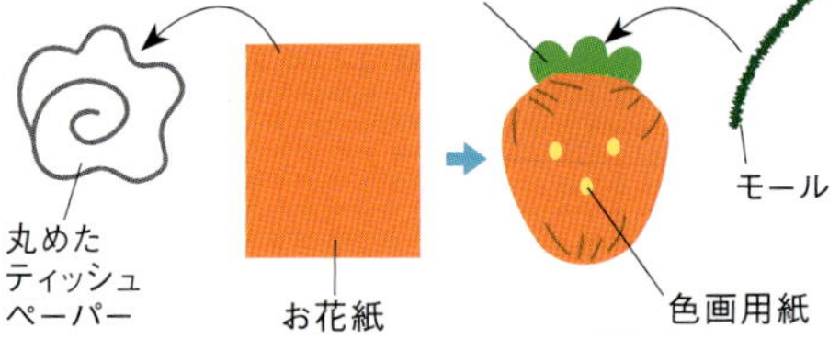

型紙 P.88

【材料】 色画用紙、画用紙、片段ボール、ティッシュペーパー、お花紙、モール、ボンテン、発泡スチロール板（台紙用）

さくらんぼ いっぱいとるぞ！

真っ赤なさくらんぼがおいしそう！　かごいっぱいとりたいな。

案 YUU　製作 もり 結

Point

さくらんぼの実は、カラーポリ袋でぷっくりとつや感を出します。

作り方

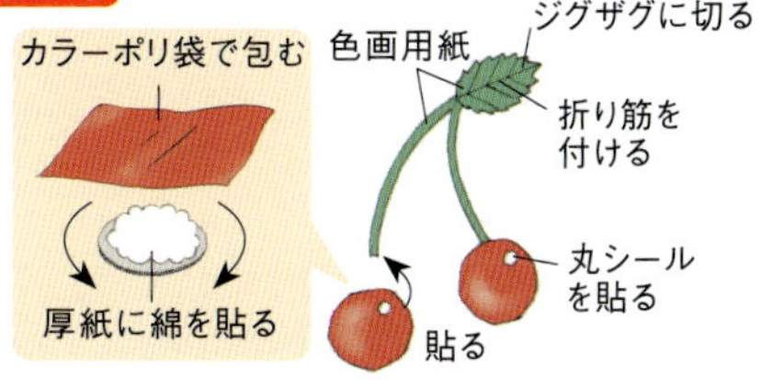

【材料】 色画用紙、画用紙、カラーポリ袋、厚紙、綿、丸シール

型紙 P.89

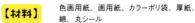

子どもと作ろう

楽しいたけのこ山

表情豊かなたけのこたちが大集合です。

案・製作●宮本えつよし

子どもの作品

トイレットペーパーの芯に、色画用紙やクレヨンで自由に飾りつけます。

作り方

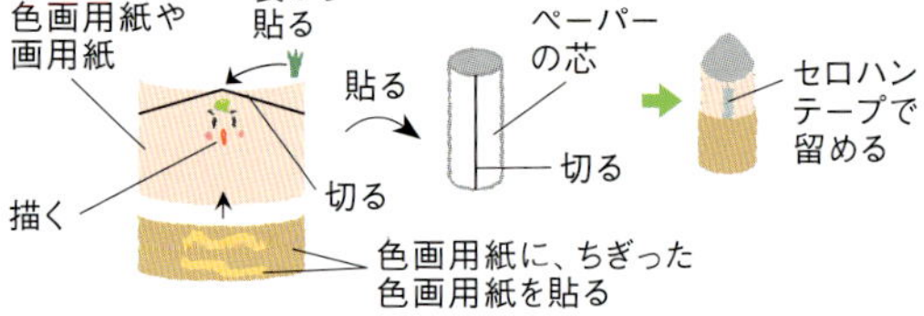

【材料】 トイレットペーパーの芯、色画用紙、画用紙、モール

型紙 P.86

子どもの作品

ちぎった折り紙1枚1枚を羽に見立てて貼ります。色の組み合わせや表情は自由に。

【材料】 色画用紙、折り紙、キラキラした折り紙

型紙 P.89

ひらひら カラフルバード

折り紙を重ねた翼がすてきです。大空に羽ばたくように飾りましょう。

案・製作●町田里美

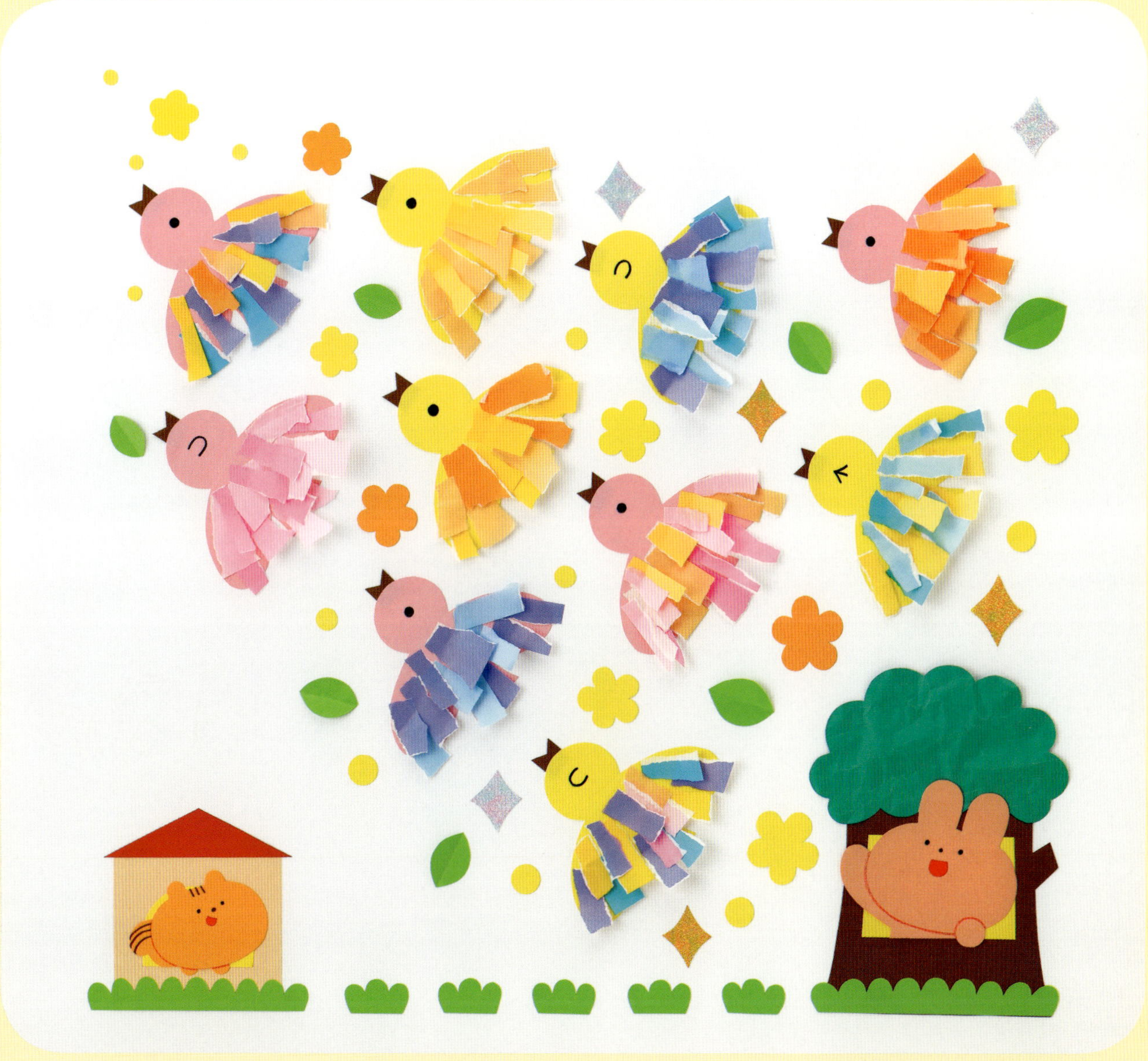

6月

かたつむりさん、みーっけ！

雨音を聞いて、かたつむりさんたちがお庭に出てきたよ！

案・製作●＊すまいるママ＊

Point

- かたつむりの殻の中心を手で引っ張り出して、立体的に形作ります。

型紙 P.90

【材料】

色画用紙、画用紙、キラキラした折り紙、柄入り折り紙、折り紙

あじさいを見てごらん！

保育室に、色鮮やかな大輪のあじさいが咲きました。キラキラの雨に元気いっぱいです。

案●宮尾怜衣　製作●浦田利江

Point

- あじさいは、2種類の形の立体的な花びらを使い、ボリューム感を出しています。

【材料】
色画用紙、画用紙、
キラキラしたモール、厚紙、段ボール板

型紙
P.91

Point

- ブラシ部分はビニールロープで本物のように。歯ブラシは動かして遊べます。

ゴシゴシ！歯磨きしましょ

うさぎさんたちが、歯ブラシでシュッシュッ。かばさんもわにさんも、気持ちよさそう。

案●菊地清美　製作●浦田利江

作り方

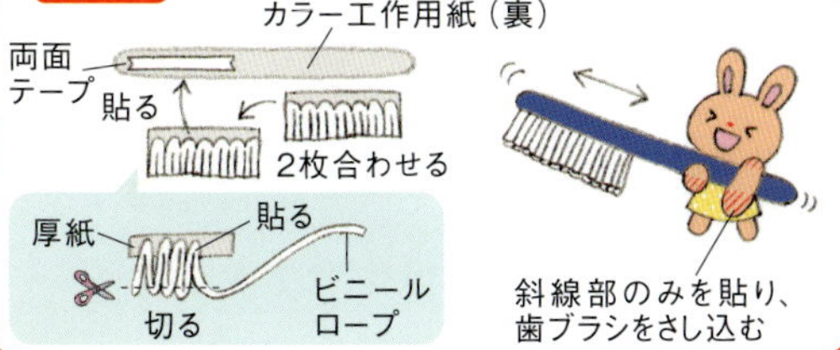

【材料】 色画用紙、画用紙、ビニールロープ、厚紙、キラキラした折り紙、包装紙、綿、カラー工作用紙、発泡スチロール板（台紙用）

型紙 P.92

子どもと作ろう

かえるの音楽会

ゲコゲコ、グワッグワッ♪
お池から、かえるさんたちの愉快な
歌声が聞こえてきそう。

案・製作●あかまあきこ

【材料】 色画用紙、画用紙、空き箱、スズランテープ

型紙 P.93

子どもの作品

かえるの顔は、丸く切った色画用紙を、中心から少しずらして二つ折りにします。こうすると、口を開けてうたっているように見えます。

作り方

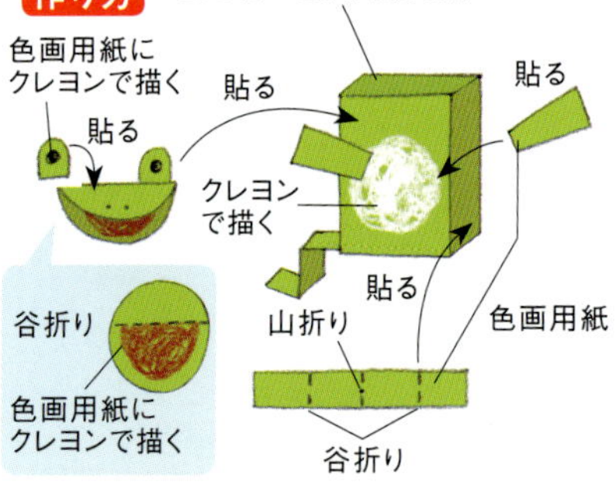

見て！　お気に入りのレインコート

ぼくの、わたしのレインコート、
どれもすてきでしょ？

案・製作●たちのけいこ

【材料】　色画用紙、折り紙、キラキラした折り紙、包装紙、お花紙

型紙
P.93

子どもの作品

折り紙や包装紙を自由にちぎって貼ると、おしゃれなレインコートのできあがり。

7月

あさがおが咲いたね！

色とりどりのあさがおが満開です。

案 菊地清美　製作 浦田利江

Point

あさがおは、丸く切った障子紙を半分に折り、じゃばら折りしてねじった物を、絵の具で染めます。花の内側になる方を先に水につけて絞ったあと、外側を染めると、きれいな模様になります。

型紙 P.94

【材料】

色画用紙、画用紙、障子紙、モール、発泡スチロール板（台紙用）

動物さんと天の川を渡ろう

織姫と彦星が出会う七夕の夜。
キラキラの天の川がきれいです。

案●菊地清美　製作●もり 結

Point

曲線に切ったスズランテープとキラキラしたテープを重ねて、ゆるやかな川の流れを表現します。

【材料】 色画用紙、画用紙、スズランテープ、キラキラした折り紙、カラーポリ袋、綿、厚紙、キラキラしたテープ、不織布、発泡スチロール板（台紙用）

型紙 P.95

型紙 P.96

パッカーン！すいか割り

「かばさん上手！」。きれいに割れたすいかに、みんな大喜び！

案 西内としお　製作 浦田利江

Point

すいかは、綿を載せた厚紙をカラーポリ袋で包むと、まるで本物のようなつや感や立体感が出ます。

作り方

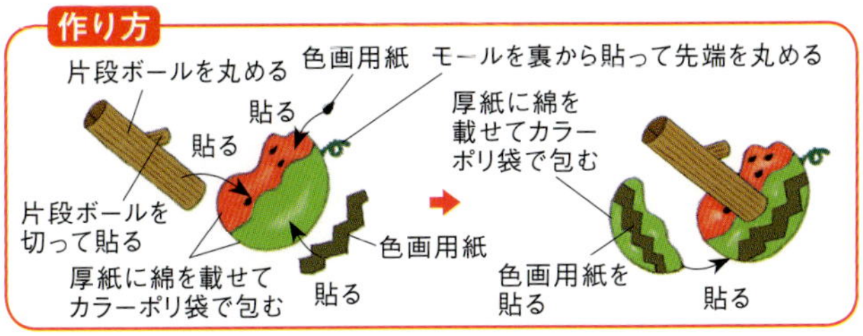
片段ボールを丸める
色画用紙
モールを裏から貼って先端を丸める
貼る
貼る
片段ボールを切って貼る
厚紙に綿を載せてカラーポリ袋で包む
色画用紙
貼る
厚紙に綿を載せてカラーポリ袋で包む
色画用紙を貼る
貼る

【材料】 色画用紙、画用紙、カラーポリ袋、厚紙、綿、片段ボール、モール、包装紙、発泡スチロール板（台紙用）

子どもと作ろう

かっこいい夏の虫

せみ、くわがたむし、かぶとむし。大人気の夏の虫を作りましょう。

案・製作◎あかまあきこ

【材料】 トイレットペーパーの芯、色画用紙、モール

型紙 P.95

子どもの作品

虫は、トイレットペーパーの芯を軽くつぶして角を切り落とし、色画用紙を貼ります。
足はモールで作ると手軽です。

すいすい泳ぐよ 海の仲間たち

お魚たちが、夏の海を
気持ちよさそうに泳いでいます。

案・製作 あかまあきこ

子どもの作品

いろいろな色の封筒に新聞紙を詰め、先をつまんで、セロハンテープで留め、模様を貼ったらカラフルな魚に。子どもたちの個性が光ります。

【材料】 茶封筒、色封筒、新聞紙、色画用紙、画用紙、折り紙、キラキラした折り紙、発泡スチロール板（台紙用）

型紙 P.93

8月

ひまわりいっぱい♪うれしいな

太陽の光を浴びて、ピッカピッカのひまわりがたくさん咲きました。

案・製作●うえはらかずよ

Point

- ひまわりの中心部分は、段ボール板にキラキラしたテープを貼ると、華やかで立体感のあるひまわりになります。

型紙
P.97

【材料】

色画用紙、画用紙、段ボール板、キラキラしたテープ、不織布

はじけるコーンと夏野菜のダンス

リズムに乗って、夏野菜たちが元気いっぱいに踊り出します。

案　坂本直子　製作　佐々木聡子

Point

とうもろこしのひげはモールにコイル状のくせをつけて作ります。

型紙
P.98

【材料】色画用紙、画用紙、モール、包装紙、厚紙、綿、カラーポリ袋、段ボール板、発泡スチロール板（台紙用）

くじらさんと遊ぼう！

くじらさんの潮で、
ダイナミックな水遊び！

案・製作 ＊すまいるママ＊

Point

波や潮は、コピー用紙を立てて貼り、水の流れを表現します。

【材料】 色画用紙、画用紙、コピー用紙、発泡スチロール板（台紙用）

型紙 P.99

子どもと作ろう

みんなの花火が あがったよ

今にもドッカーンという音が聞こえてきそう！

案・製作　尾田芳子

【材料】　色画用紙、画用紙、折り紙、キラキラした折り紙、包装紙

型紙 P.97

子どもの作品

丸い台紙に、キラキラした折り紙などをちぎって貼り、キラキラ、ピカピカの花火を作ります。

浴衣でおめかし

わたしの浴衣、おしゃれでしょ？

案・製作●うえはらかずよ

【材料】　色画用紙、画用紙、障子紙、あさがおなど夏の花

型紙 P.100

子どもの作品

浴衣は、あさがおなど夏の花を使った、たたき染めの技法で染めます。あさがおの色選びや花びらの形に、子どもたちの個性が出ます。

作り方

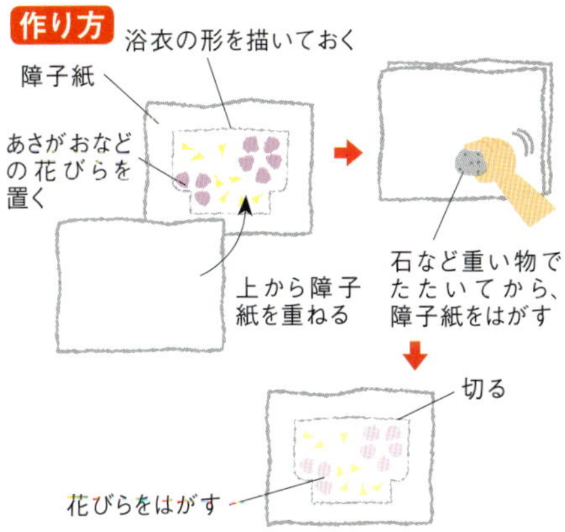
浴衣の形を描いておく
障子紙
あさがおなどの花びらを置く
上から障子紙を重ねる
石など重い物でたたいてから、障子紙をはがす
切る
花びらをはがす

4月
5月
6月
7月
8月
9月
10月
11月
12月
1月
2月
3月

9月

コスモス畑をお散歩しよう

野原一面に咲いたコスモス。とってもきれいだね。

案・製作 たちのけいこ

Point

コスモスの花びらは、クレープ紙の両端をピンキングばさみで切ると簡単です。また、葉に柄入りの折り紙を使うと雰囲気が出ます。

作り方

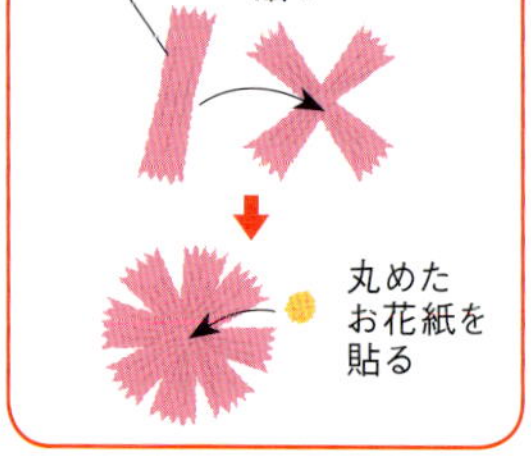

クレープ紙
中央をつまんで貼る
丸めたお花紙を貼る

型紙 P.102

【材料】

色画用紙、クレープ紙、お花紙、折り紙、和紙、キラキラした折り紙、柄入りの折り紙

きれいな お月様だね

きょうはお月見。手作りのおだんごも用意しました。

案 菊地清美　製作 浦田利江

【材料】 色画用紙、画用紙、キラキラした折り紙、片段ボール、ティッシュペーパー、フェルト（月）、お花紙、発泡スチロール板（台紙用）

Point

おだんごは、ティッシュペーパーを丸めて、立体的に作ります。

型紙 P.101

Point

- 虫の足や触角をモールで作ると、動きが出ます。

秋の夜長の演奏会

虫のオーケストラが、夜の野原ですてきな音色を奏でています。

案 YUU　製作 もり 結

型紙 P.102

【材料】 色画用紙、画用紙、モール、キラキラした折り紙、発泡スチロール板（台紙用）

子どもと作ろう

ぶどう狩りに出かけよう

たわわに実ったぶどう。
どれもとってもおいしそうです。

案●＊すまいるママ＊　製作●浦田利江

【材料】 色画用紙、画用紙、軽量紙粘土、モール、発泡スチロール板（台紙用）

型紙 P.103

子どもの作品

軽量紙粘土を丸めて乾かし、絵の具を塗ったぶどうを、色画用紙の台紙に貼ります。

作り方

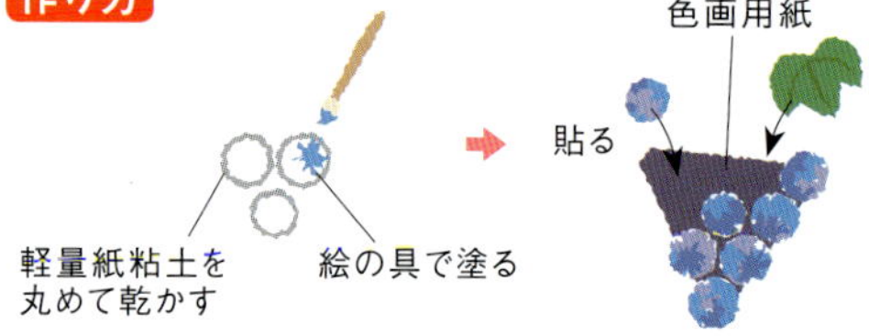

夕焼け小焼けと赤とんぼ

秋の夕日に染まった野原で、
真っ赤なとんぼを追いかけて。

案・製作　町田里美

子どもの作品

とんぼは、トイレットペーパーの芯に、染め紙をした羽を挟んで作ります。

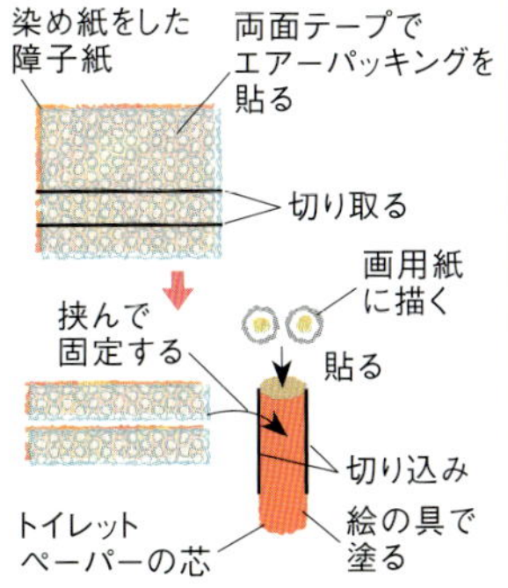
染め紙をした障子紙
両面テープでエアーパッキングを貼る
切り取る
画用紙に描く
挟んで固定する
貼る
切り込み
トイレットペーパーの芯
絵の具で塗る

【材料】　色画用紙、画用紙、トイレットペーパーの芯、障子紙、エアーパッキング

型紙 P.104

10月

たくさん実って うれしいね！

収穫したての果物やおいもは、どれもおいしそう！りんごもピカピカです。

案 菊地清美　製作 浦田利江

Point

- りんごは、つや感のあるカラー工作用紙で、立体的に作って目立たせます。

型紙 P.105

【材料】

色画用紙、画用紙、カラー工作用紙、モール、不織布、キルト芯、片段ボール、綿ロープ、厚紙、綿、和紙、発泡スチロール板（台紙用）

大きなおいも うんとこしょ!

力を合わせて、大きなおいもを収穫！ あれ？ もぐらさんもついてきたよ。

案・製作 まーぶる

Point

おいものつるは、綿ロープを使うと手軽で、しなやかさが表現できます。

【材料】色画用紙、綿ロープ、発泡スチロール板（台紙用）

型紙 P.104

ハロウィーン ナイト

魔女のかごから落ちたキャンディーを、おばけたちがつまみ食い！

案●たはらともみ　製作●浦田利江

Point

- キャンディーは色画用紙で作ってからラップフィルムで包み、つや感を出します。

【材料】 色画用紙、画用紙、ラップフィルム、キラキラした折り紙、発泡スチロール板（台紙用）

型紙 P.106

展覧会へようこそ

お気に入りの絵は、豪華な額に入れて、
芸術作品のように飾りましょう。

案・製作 ユカリンゴ

【材料】 キラキラしたカラー工作用紙、段ボール板、子どもの絵、色画用紙、画用紙、キラキラしたテープ、不織布、モール

型紙 P.107

子どもの作品

額縁は、段ボール板で厚みを出し、キラキラしたカラー工作用紙を使って飾りつけします。

カラフル！　オータムツリー

色とりどりの葉っぱを飾って、美しい木を作りましょう。

案・製作●まーぶる

【材料】 色画用紙、紙、葉

型紙 P.107

子どもの作品

葉の上に紙を載せ、クレヨンで模様をこすり出しします。2色混ぜてもすてきです。

11月

うたえ！
みのむし合唱隊

森の仲間たちが、
息を合わせて演奏します。

案・製作●町田里美

Point

- みのむしの体は、長方形の画用紙にスズランテープを貼り、輪にして作ります。

型紙 P.108

【材料】

色画用紙、画用紙、スズランテープ、モール、片段ボール、ひも、発泡スチロール板（台紙用）

変身！　秋のファッションショー

動物たちが落ち葉で変身！
一番かっこいいのはだ～れだ？

案　西内としお　製作　浦田利江

【材料】 色画用紙、画用紙、木綿地の布をカラーコピーした紙、モール、丸シール

Point

落ち葉は、布をカラーコピーした紙を使うと、色合いに変化が出て、見た目も楽しくなります。

型紙 P.109

いちょうの木でかくれんぼ

大きないちょうの木は絶好の隠れ場所。落ち葉で上手に隠れている子もいるね。

案・製作 さとうゆか

Point

- いちょうの葉は、数種類の色水で障子紙を染めて、色むらを付けます。重ね切りをしてたくさん作りましょう。

【材料】 色画用紙、画用紙、障子紙、発泡スチロール板（台紙用）

型紙 P.110

子どもと作ろう

ちとせあめでお祝いしましょ

思い思いのスタンプで、あめ袋をデコレーションします。

案・製作 うえはらかずよ

子どもの作品

段ボール板や
綿棒を使ってスタンプをします。

【材料】 色画用紙、画用紙、段ボール板、綿棒

型紙 P.108

子どもの作品

毛糸で三つ編みやボンボンを作るなどして、思い思いの柄のセーターを楽しみましょう。

【材料】 色画用紙、毛糸

型紙 P.111

カラフルセーターを編もう！

子どもたちのセーターは、おしゃれな模様がいっぱい！ 色画用紙に毛糸を巻いた毛糸玉もポイントです。

案・製作●うえはらかずよ

12月

星空のくまさんサンタ

くまさんサンタがプレゼントをいっぱい積んで走ります。もうすぐ行くから待っていてね！

案●宮尾怜衣　製作●みつき

Point

星にキラキラした折り紙を使うと華やかになります。

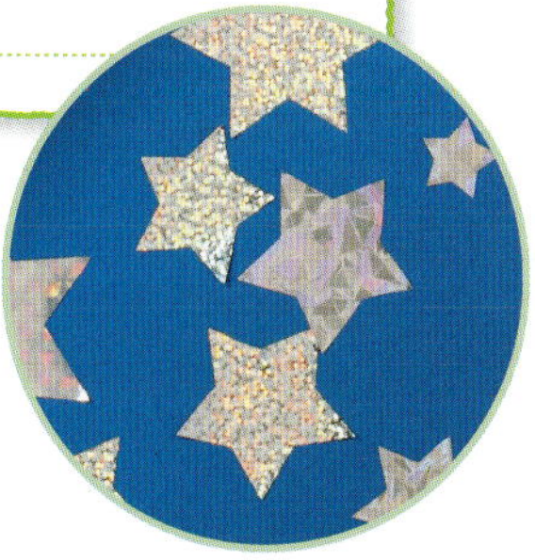

【材料】

色画用紙、画用紙、キラキラした折り紙、発泡スチロール板（台紙用）

型紙 P.112

冬に集まれ！スノーフェアリー

雪の精が集まって、楽しそうにお話ししているみたい。

案・製作　さとうゆか

【材料】色画用紙、画用紙、オーローラフィルム、キルト芯、キラキラした折り紙、発泡スチロール板（台紙用）

Point

雪の精の羽は、色画用紙にオーロラフィルムを貼って作ります。

作り方

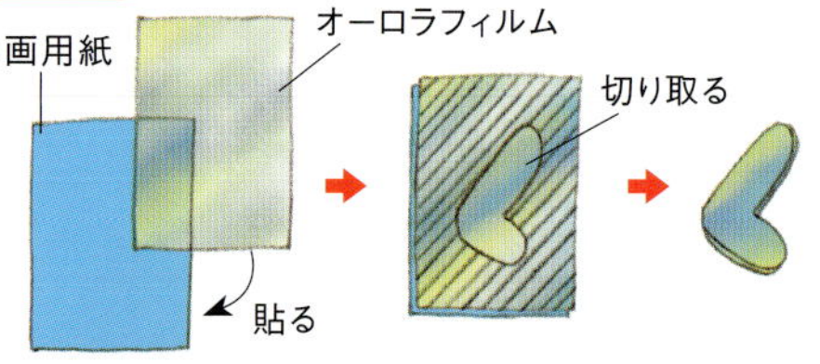

型紙 P.111

わくわくクリスマスパーティー

メリークリスマス！ サンタさんといっしょに楽しいパーティーの始まりです。

案●坂本直子　製作●おおしだいちこ

Point

- クラッカーは、キラキラしたテープやキラキラした折り紙で作ると豪華になります。

【材料】 色画用紙、画用紙、折り紙、キラキラしたテープ、キラキラした折り紙、綿、綿ロープ、発泡スチロール板（台紙用）

型紙 P.113

クリスマスはもうすぐ！アドベントカレンダー

あと何日でクリスマスかな？
わくわくしながら、ひもに掛けたカレンダーをめくってカウントダウン！

案・製作●イシグロフミカ

【材料】 色画用紙、画用紙、キラキラした折り紙、包装紙、ひも、片段ボール、ボンテン、発泡スチロール板（台紙用）

型紙 P.114

子どもの作品

色画用紙を半分に折って、子どもたちが水性ペンで数字を書きます。裏面のサンタさんの絵は、保育者が色画用紙で作って貼ります。

全部めくると…サンタさんに！

おいしそうなケーキ いただきまーす

パーティーには欠かせない
デコレーションケーキがいっぱい！
どれを食べようかな？

案・製作●さとうゆか

子どもの作品

ケーキは、丸く切った色画用紙に、細かく切った色画用紙やいちごを並べて、自由にデコレーション！

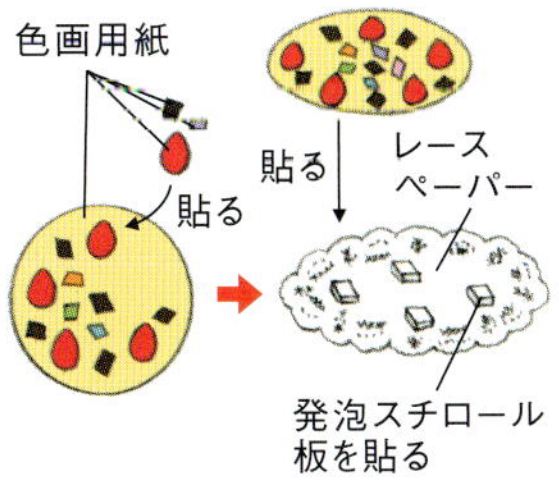

【材料】 色画用紙、画用紙、レースペーパー、発泡スチロール板（台紙用）

型紙 P.115

1月

新しい年がやってきた！

ピーヒャラ、ピーヒャラ♪
獅子舞といっしょに、にぎやかな
新年の始まりです。

案　菊地清美　製作　浦田利江

Point

羽子板に片段ボールを使うと、立体感が出ます。

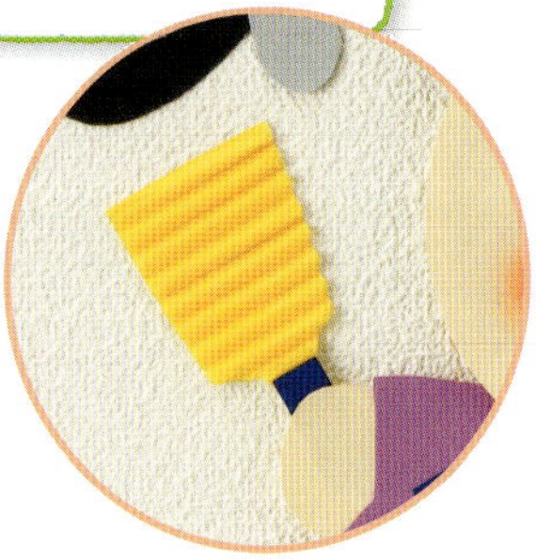

型紙 P.116

【材料】

色画用紙、画用紙、片段ボール、キラキラした折り紙、段ボール板（台紙用）

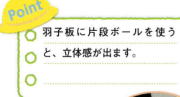

4月
5月
6月
7月
8月
9月
10月
11月
12月
1月
2月
3月

晴れ着で羽根つき

羽根を落とさないように、
何回つけるか挑戦しよう！

案　YUU　製作　もり 結

Point

飾りや帯にフェルトを使うと、あたたかみが出ます。

【材料】 色画用紙、画用紙、フェルト、モール
発泡スチロール板（台紙用）

型紙 P.117

Point

たこに切った毛糸を貼ると、カラフルでユニークな作品になります。

たこたこあがれ！空高く

カラフルなたこが高くあがると、空もにぎやか！

案・製作●藤江真紀子

型紙 P.118

【材料】 色画用紙、画用紙、毛糸、片段ボール、発泡スチロール板（台紙用）

子どもと作ろう

カラフルごま

どのこまが一番きれいに回るかな?

案・製作 あかまあきこ

【材料】 色画用紙、画用紙、発泡スチロール板、スズランテープ、ストロー

型紙 P.119

子どもの作品

発泡スチロール板に、スズランテープを巻きつけて、自由に模様を描きます。

作り方

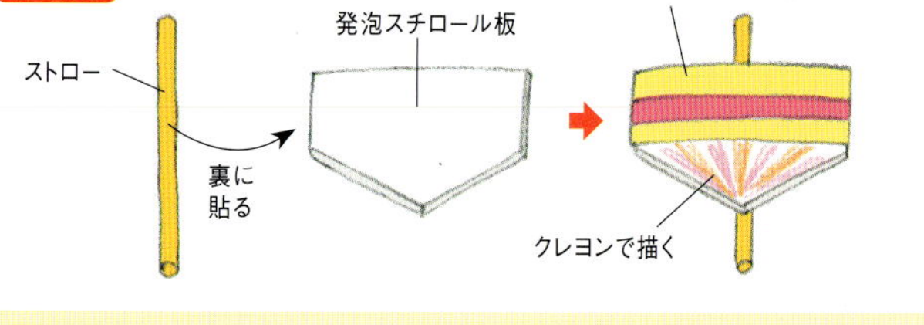

手作りカルタで遊ぼう

お正月はみんなで楽しいカルタ遊びを。
だれが一番多く取れるかな？

案・製作●いとう・なつこ

子どもの作品

絵札は発泡スチロール板に鉛筆で自由に絵を描き、絵の具を塗って版画に。保育者は、子どもたちがどんな場面を描いたのかを聞いて、読み札を作り、いっしょに飾りましょう。

Point

動物の鼻としっぽは、モールでふっくらとした立体感を。

【材料】 色画用紙、画用紙、発泡スチロール板（カルタ、台紙用）、包装紙、モール

型紙 P.119

2月

キラキラフィギュアスケート♪

キラキラの氷の上で、音楽に合わせて華麗に踊ります！

案・製作●うえはらかずよ

Point

- 雪の結晶などにキラキラした折り紙を使うと華やかになります。

型紙 P.120

【材料】

色画用紙、画用紙、キラキラした折り紙

みんなで豆まき！おに退治

みんなでおにをやっつけよう。
「おには～外、福は～内！」

案　坂本直子　製作　おおしだいちこ

Point

おにのモジャモジャした髪の毛には、毛糸がおすすめです。

【材料】　色画用紙、画用紙、毛糸、発泡スチロール板（台紙用）

型紙 P.121

かまくらって楽しいね！

かまくらの中はあったかいね。
みんなで入って、ちょっと休憩。

案・製作 ＊すまいるママ＊

Point

かまくらは、段ボール板に綿を載せ、カラーポリ袋で包んで作ります。雪をキュッと固めた様子が表現できます。

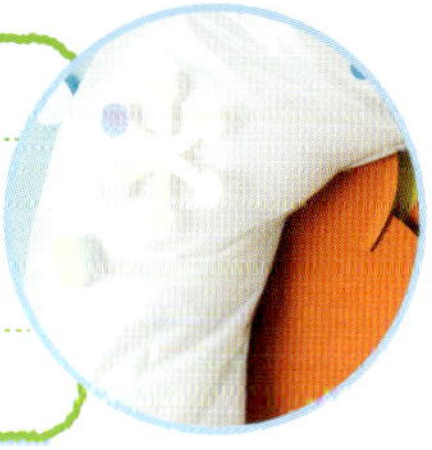

作り方

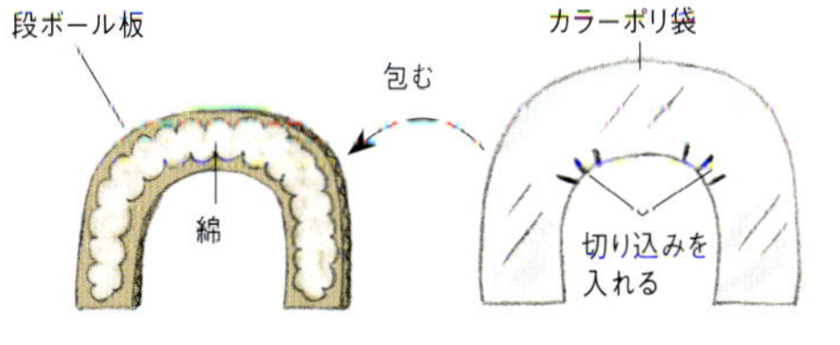

【材料】 色画用紙、画用紙、段ボール板、カラーポリ袋、綿、包装紙、キラキラした折り紙、キルト芯、発泡スチロール板（台紙用）

型紙 P.122

子どもと作ろう

いらっしゃい！ラーメンのできあがり

並んだラーメンはどれもおいしそう！
お客さんも喜んでくれたらうれしいな。

案・製作 冬野いちこ

【材料】 色画用紙、画用紙、折り紙、モール、フェルト

型紙 P.123

子どもの作品

色画用紙の丼に画用紙を貼り、麺をクレヨンで描きます。その上に、色画用紙や折り紙、モールなどを使い、自由に具材を作ってトッピングします。

画用紙の箸袋に、子どもの名前を書いて名札にしても楽しいですね。

雪だるま大集合

ころんとした、丸いフォルムの雪だるまたちが勢ぞろい！

案・製作 あかまあきこ

【材料】 色画用紙、画用紙、キラキラした折り紙、障子紙、新聞紙、モール、段ボール板、ティッシュペーパーの空き箱、綿

型紙 P.123

子どもの作品

丸めた新聞紙に、障子紙をペタペタ貼って雪だるまに。ひな壇は、ティッシュペーパーの空き箱に、画用紙を貼って作ります。

作り方

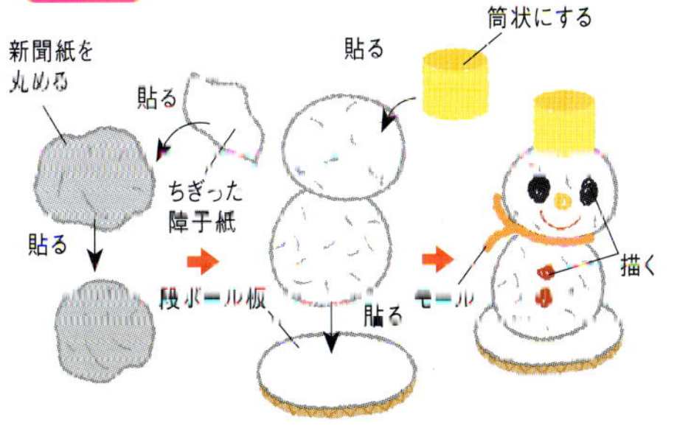

3月

春ですよー！ みんなで遊ぼう

くまさんの声かけに、みんながなのはな畑に集まって来たよ！

案 菊地清美　製作 浦田利江

Point

- 花に折り目を付け、葉はモールに挟んで立体感を出します。

型紙 P.124

【材料】

色画用紙、画用紙、モール、発泡スチロール板（台紙用）

ちょうちょうさんのひな祭り

おめかししたちょうちょうのおひなさま。てんとうむしの五人ばやしもにぎやかに。

案・製作　たちのけいこ

【材料】 色画用紙、千代紙、和紙、キラキラした折り紙、お花紙、ティッシュペーパー

Point

- チューリップをふんわりと膨らませて、かわいいぼんぼりにします。

作り方

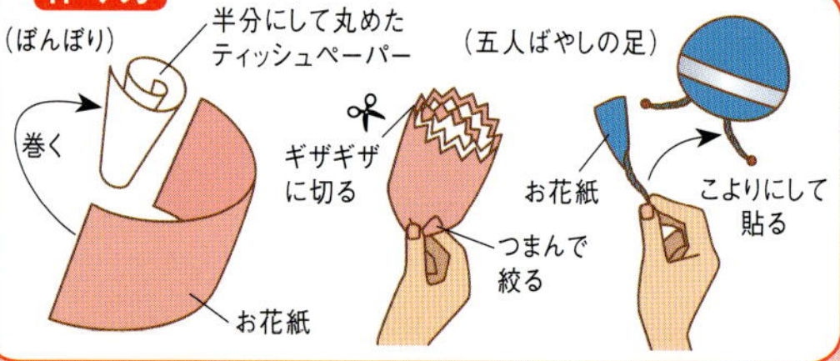

（ぼんぼり）
半分にして丸めたティッシュペーパー
巻く
お花紙
ギザギザに切る
つまんで絞る
（五人ばやしの足）
お花紙
こよりにして貼る

型紙 P.125

めだかさん、スーイスイ

春の小川で、めだかさんに会いました。スイスイと気持ちよさそう！

案　菊地清美　製作　みつき

Point

- 川はスズランテープで表現します。何色か重ねると、キラキラ光る水面の感じが出ます。

【材料】　色画用紙、画用紙、スズランテープ

型紙 P.126

マーチングバンドでおめでとう

かわいい動物さんたちが、楽器を演奏しながらお祝いに駆けつけてくれました！

案・製作●うえはらかずよ

Point
キラキラしたテープをねじりながら貼ると、華やかな雰囲気が出ます。

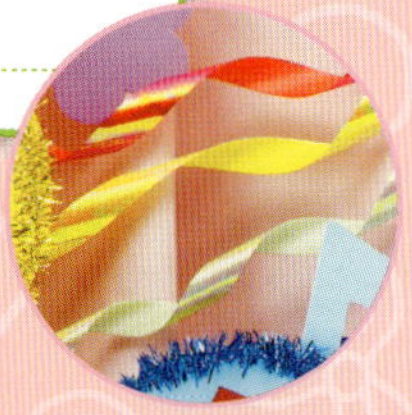

型紙 P.127

【材料】
色画用紙、画用紙、キラキラしたテープ、お花紙、キラキラしたモール

Point

- 帽子や服にキラキラしたモールを貼って、アクセントにします。

Point

- 文字はキラキラしたモールで縁取り、セレモニー感を出します。

成長の木

子どもたちが描いた絵を、大きな木に飾りました。これからも健やかに成長していってほしいですね。

案・製作●礒みゆき

Point

名前を書いた色画用紙は、葉っぱの形に切り、折り筋を付けます。

【材料】 色画用紙、画用紙、折り紙

コピー用型紙集

型紙 P.00 のマークが付いている壁面の型紙コーナーです。
必要な大きさにコピーしてご利用ください。

このメッセージが見えるまで開くときれいにコピーすることができます。

P6~7 花びらに乗っておめでとう

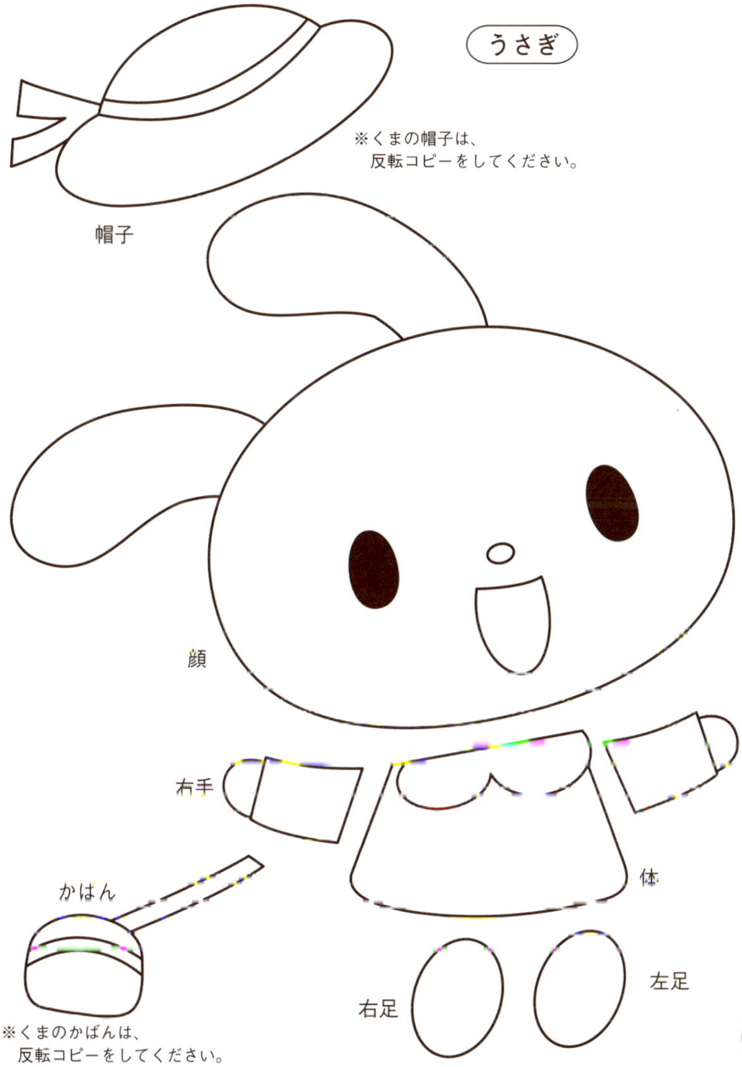

さくらの花びら①

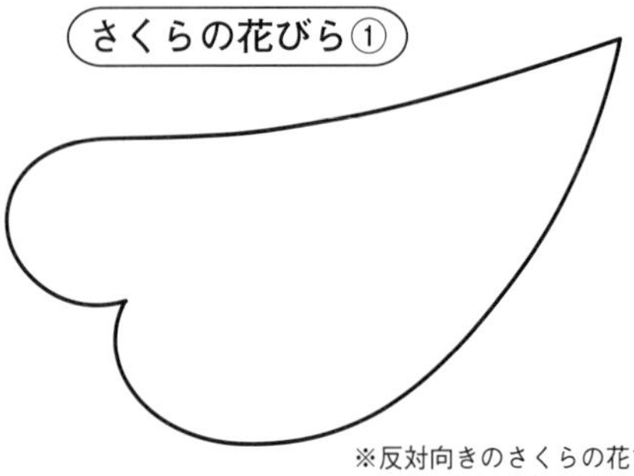

※反対向きのさくらの花びら①は、
反転コピーをしてください。

文字

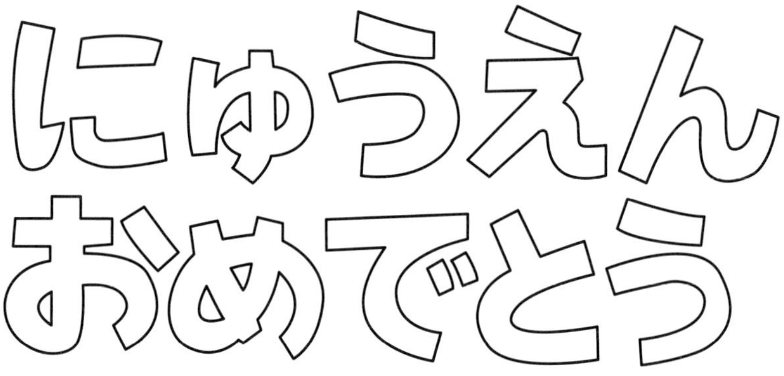

さくらの花びら②

※反対向きのさくらの花びら②は、
反転コピーをしてください。

花

木

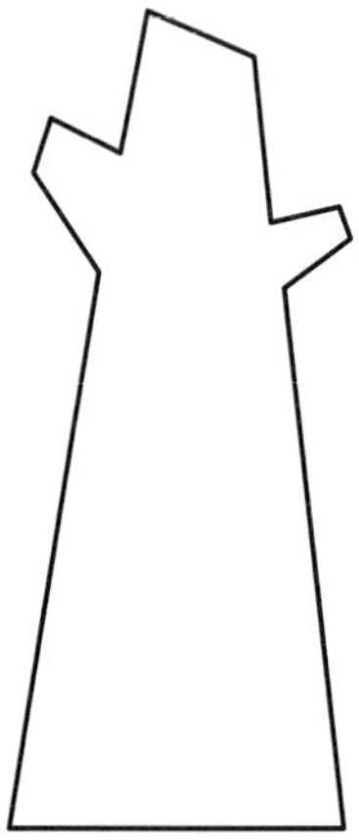

※反対向きの木は、
反転コピーをしてください。

動線①

※反対向きの動線①は、
反転コピーをしてください。

動線②

※反対向きの動線②は、
反転コピーをしてください。

ねずみ

さくら①

さくら②

※反対向きのさくら②は、
反転コピーをしてください。

くま

このメッセージが見えるまで開くときれいにコピーすることができます。

P8 ならんだならんだチューリップ

このメッセージが見えるまで開くときれいにコピーすることができます。

P9 カラフル花束でお祝い

ちょうちょう

はち

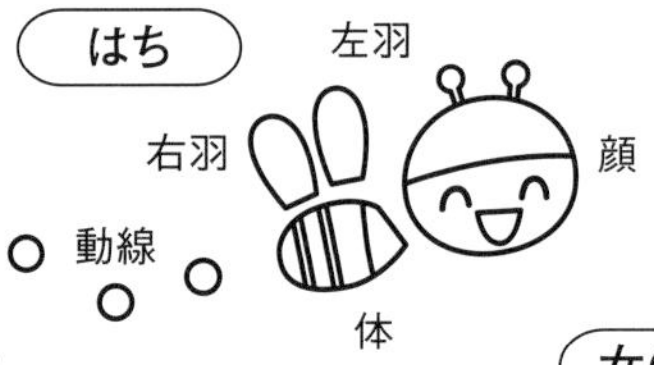

花と葉

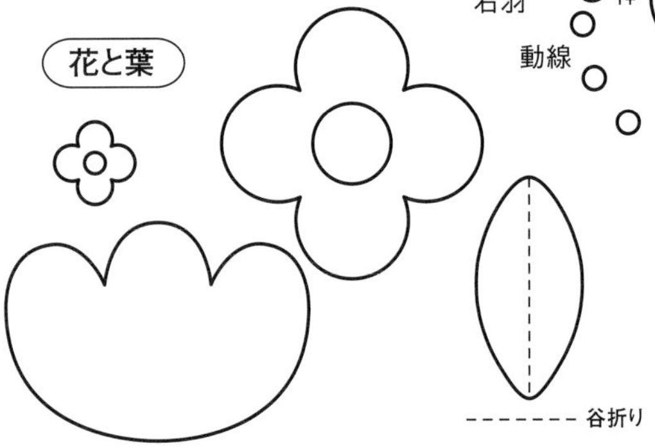

男の子

女の子

花束と文字

※花束と文字は、他のパーツの125%に拡大コピーをしてください。

とり①

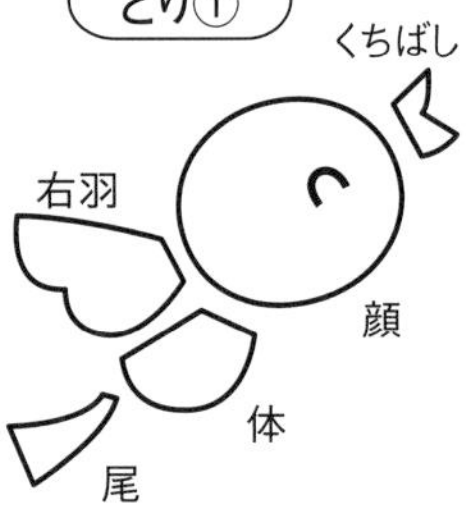

とり②

P10 チューリップが咲いたよ

くま

ちょうちょう

うさぎ

ねずみ

チューリップ

このメッセージが見えるまで開くときれいにコピーすることができます。

P11 たんぽぽいっぱいうれしいな

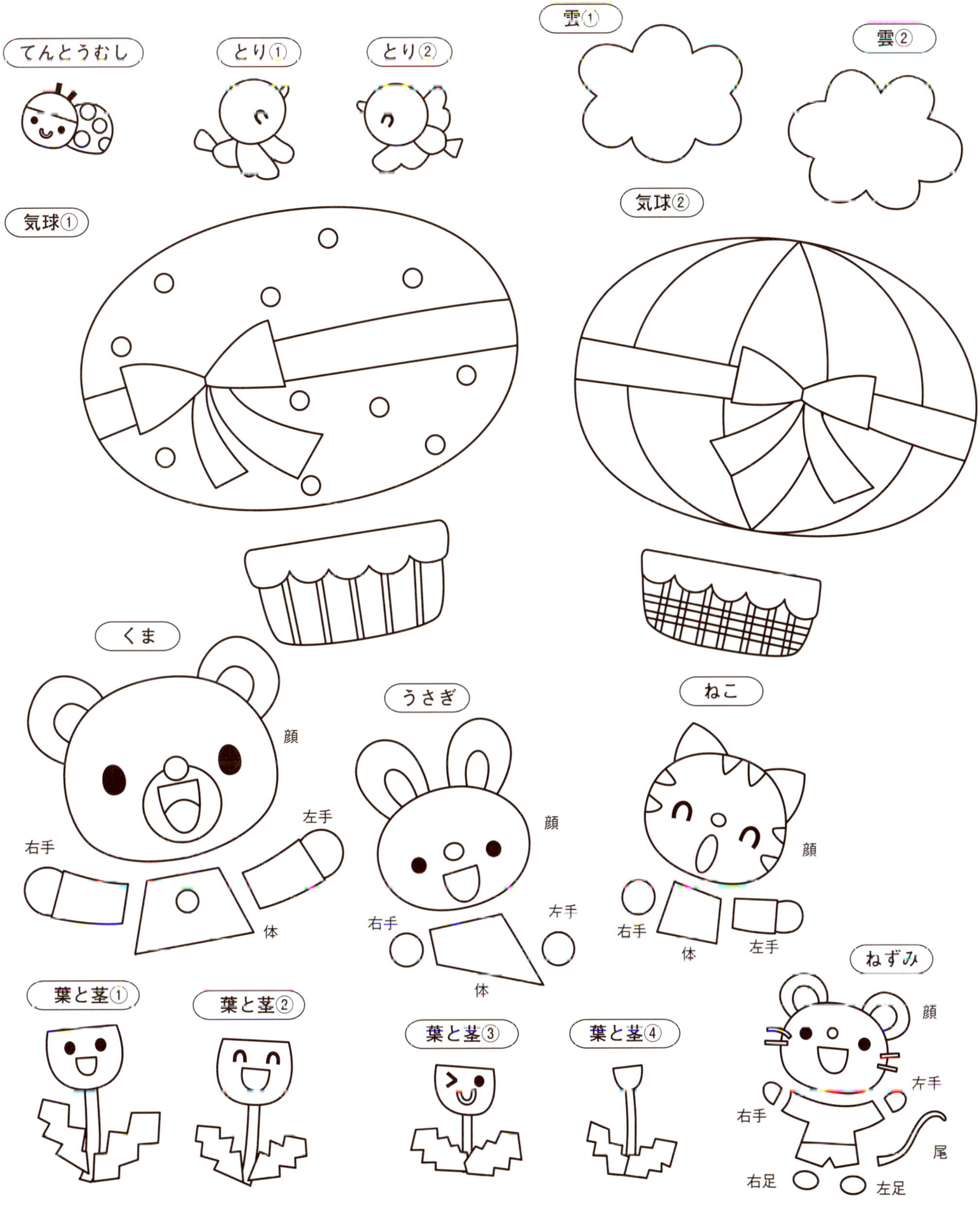

このメッセージが見えるまで開くときれいにコピーすることができます。

P12～13 ひらひらちょうちょう

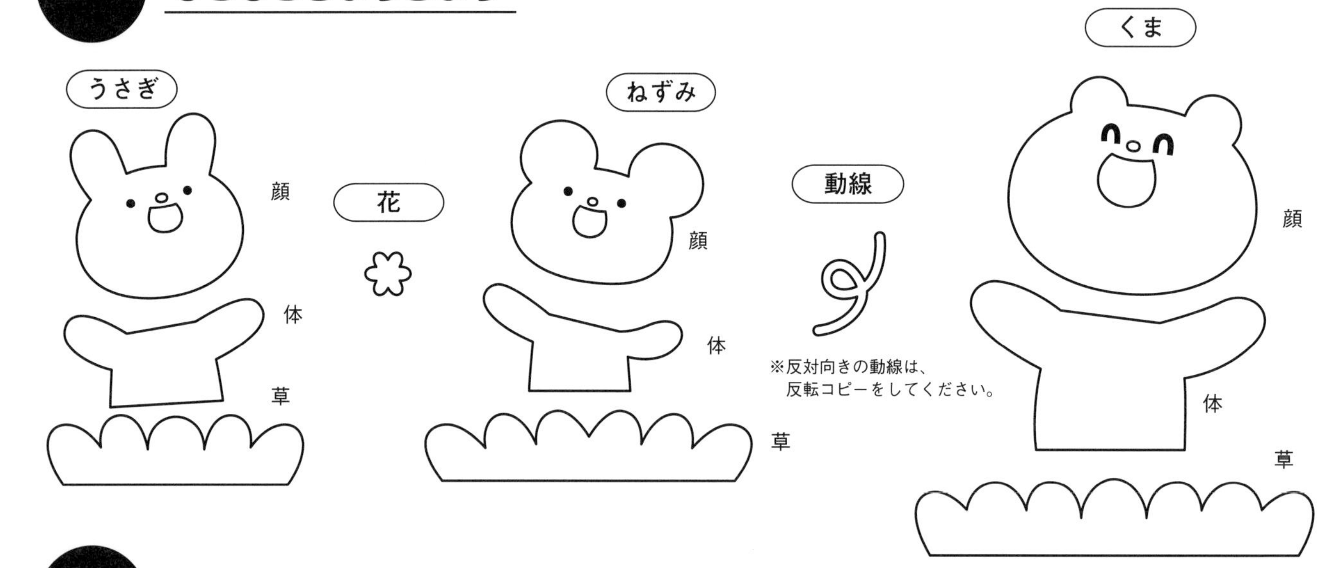

※反対向きの動線は、
反転コピーをしてください。

P12～13 春のラブリーブーケ

P18 楽しいたけのこ山

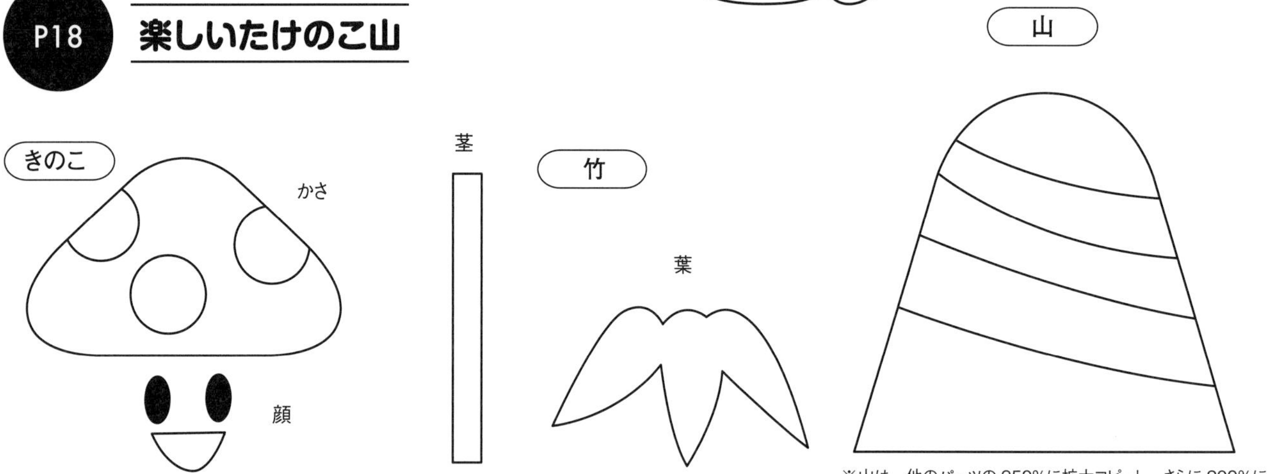

※山は、他のパーツの 250%に拡大コピーし、さらに 200%に
拡大をしてください。

このメッセージが見えるまで開くときれいにコピーすることができます。

P14～15 元気に泳げ！　こいのぼり

このメッセージが見えるまで開くときれいにコピーすることができます。

P16 うさぎ一家のいちご摘み

※輪は、他のパーツの200%に拡大コピーをしてください。

※さらに小さいいちごは、縮小コピーをしてください。

※小さい花②は、縮小コピーをしてください。

このメッセージが見えるまで開くときれいにコピーすることができます。

P17 さくらんぼいっぱいとるぞ！

さくらんぼ

※反対向きのさくらんぼは、反転コピーをしてください。

※実は、P17の作り方をご参照ください。

-------- 谷折り

ぶた

くま

木

※木は、他のパーツの200%に拡大コピーをしてください。

ねずみ

草

P19 ひらひらカラフルバード

とり

りす

うさぎ

飾り

草

------- 谷折り

※小さい飾りは、縮小コピーをしてください。

このメッセージが見えるまで開くときれいにコピーすることができます。

P20〜21 かたつむりさん、みーっけ！

うさぎ

ねずみとかえる

かたつむり

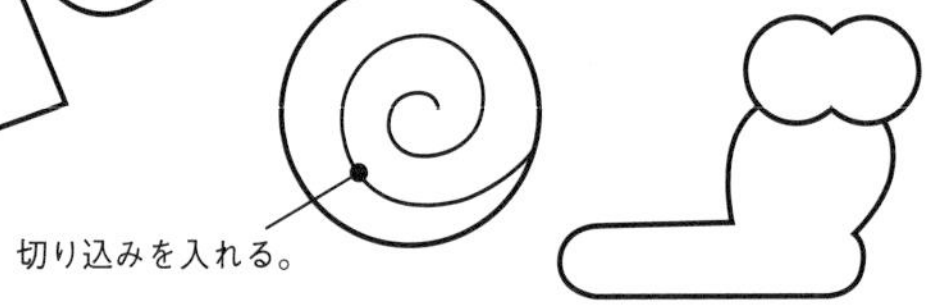

※反対向きのかたつむりは、反転コピーをしてください。

葉

あじさい(小)

くま

あじさい(大)

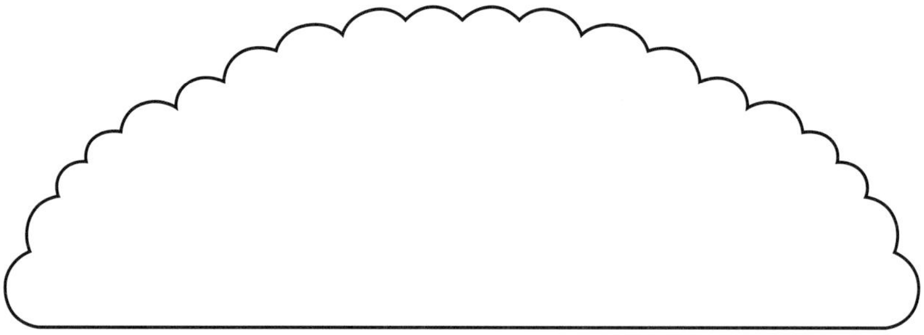

しずく

※あじさい大は、他のパーツの200%に拡大コピーをしてください。

このメッセージが見えるまで開くときれいにコピーすることができます。

P22 あじさいを見てごらん！

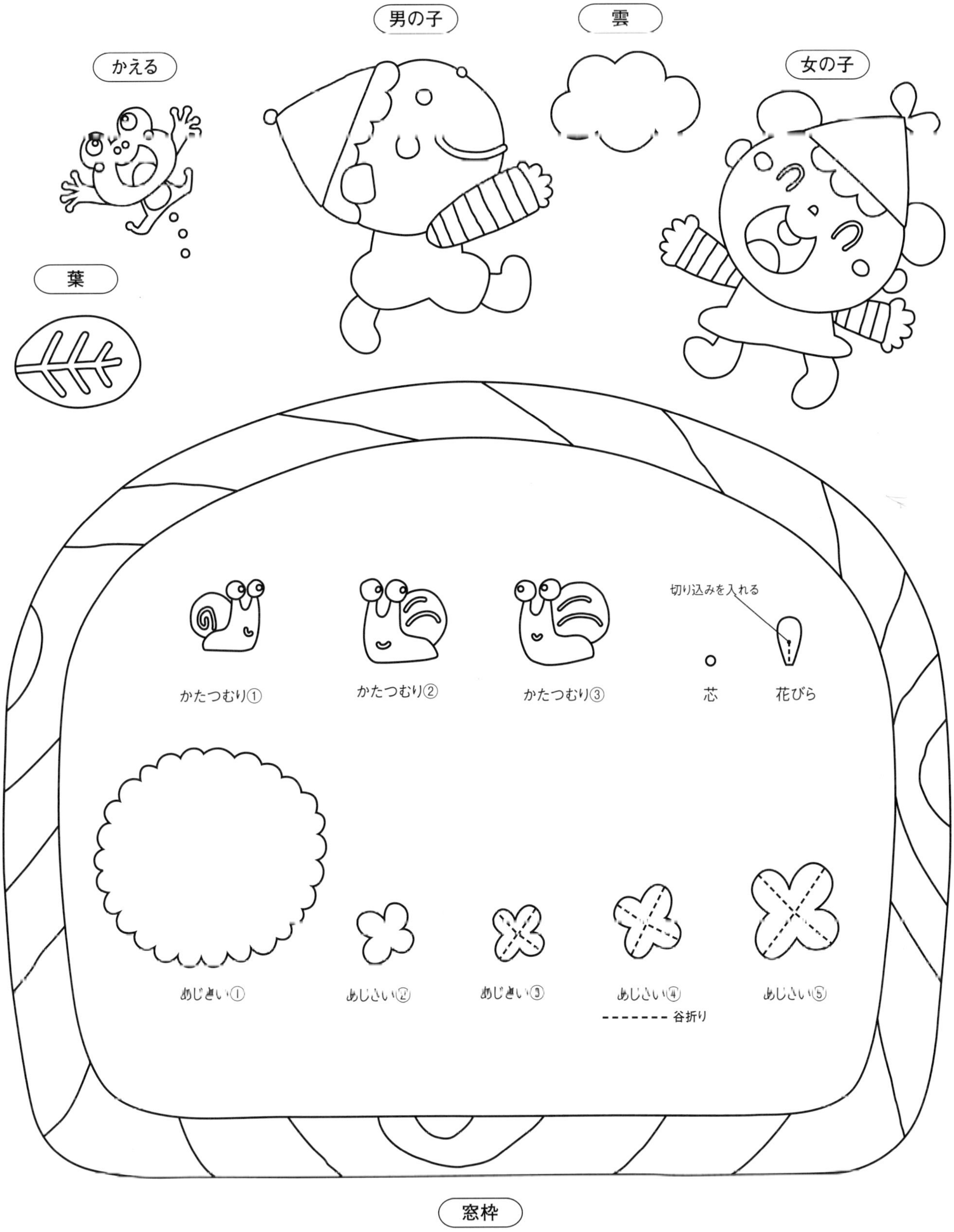

P23 ゴシゴシ！　歯磨きしましょ

このメッセージが見えるまで開くときれいにコピーすることができます。

P24~25 かえるの音楽会

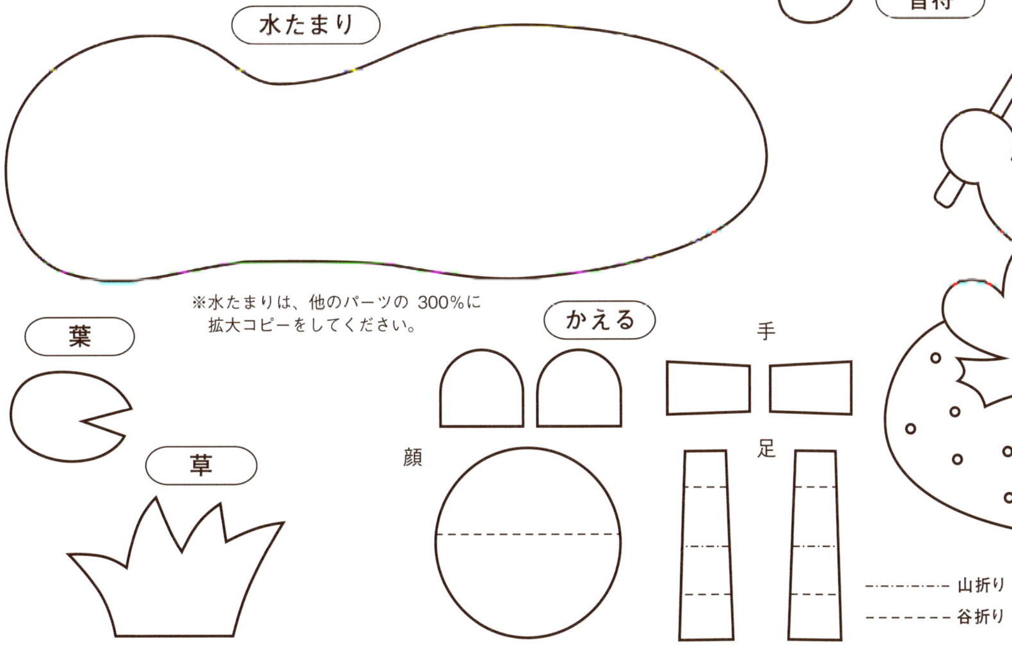

P24~25 見て！　お気に入りのレインコート

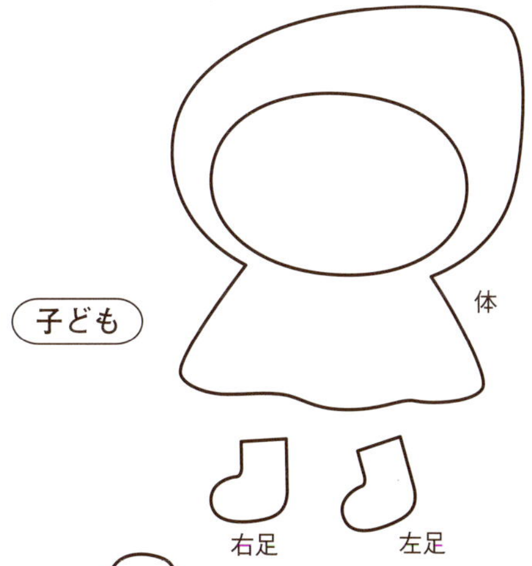

P31 すいすい泳ぐよ　海の仲間たち

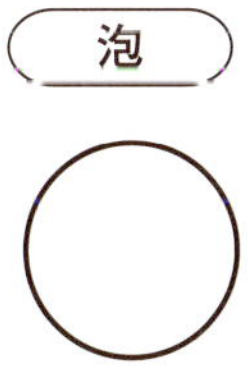

※泡は、自由に大小を
つけましょう。

P26〜27 あさがおが咲いたね！

※小さい葉は、縮小コピーをしてください。

※支柱の長さは、自由にアレンジしてください。

※花壇は、他のパーツの200%に拡大コピーをしてください。

このメッセージが見えるまで開くときれいにコピーすることができます。

P28 動物さんと天の川を渡ろう

彦星

------- 谷折り

かささぎ

うさぎ

織姫

------- 谷折り

星

光の玉

ねずみ

雲

流れ星

※反対向きの流れ星は、反転コピーをしてください。

P30 かっこいい夏の虫

くわがたむしのはさみ

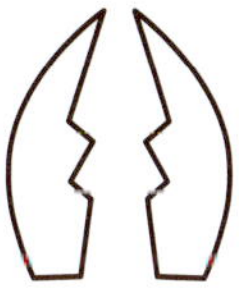

かぶとむしの角

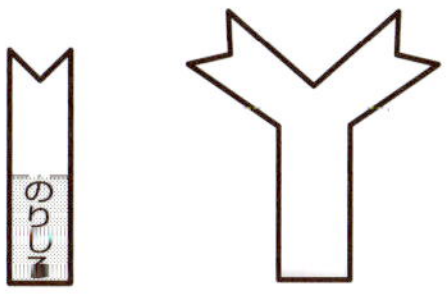

-・-・-・-・- 山折り

葉

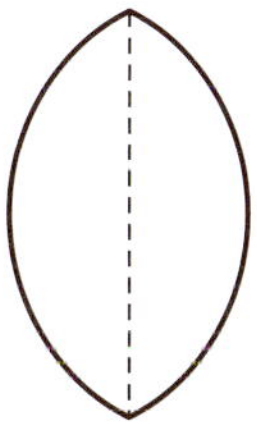

------- 谷折り

草

せみの羽

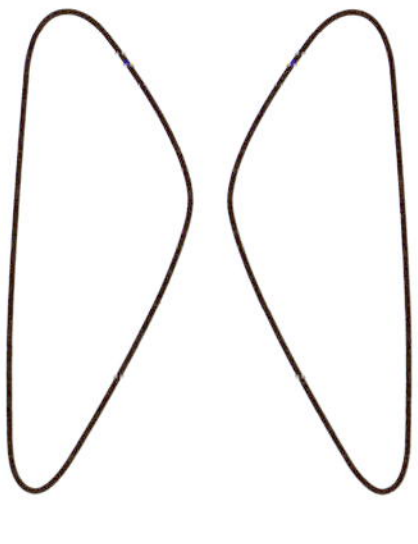

木

※木は、他のパーツの200%に拡大コピーをしてください。

P29 パッカーン！　すいか割り

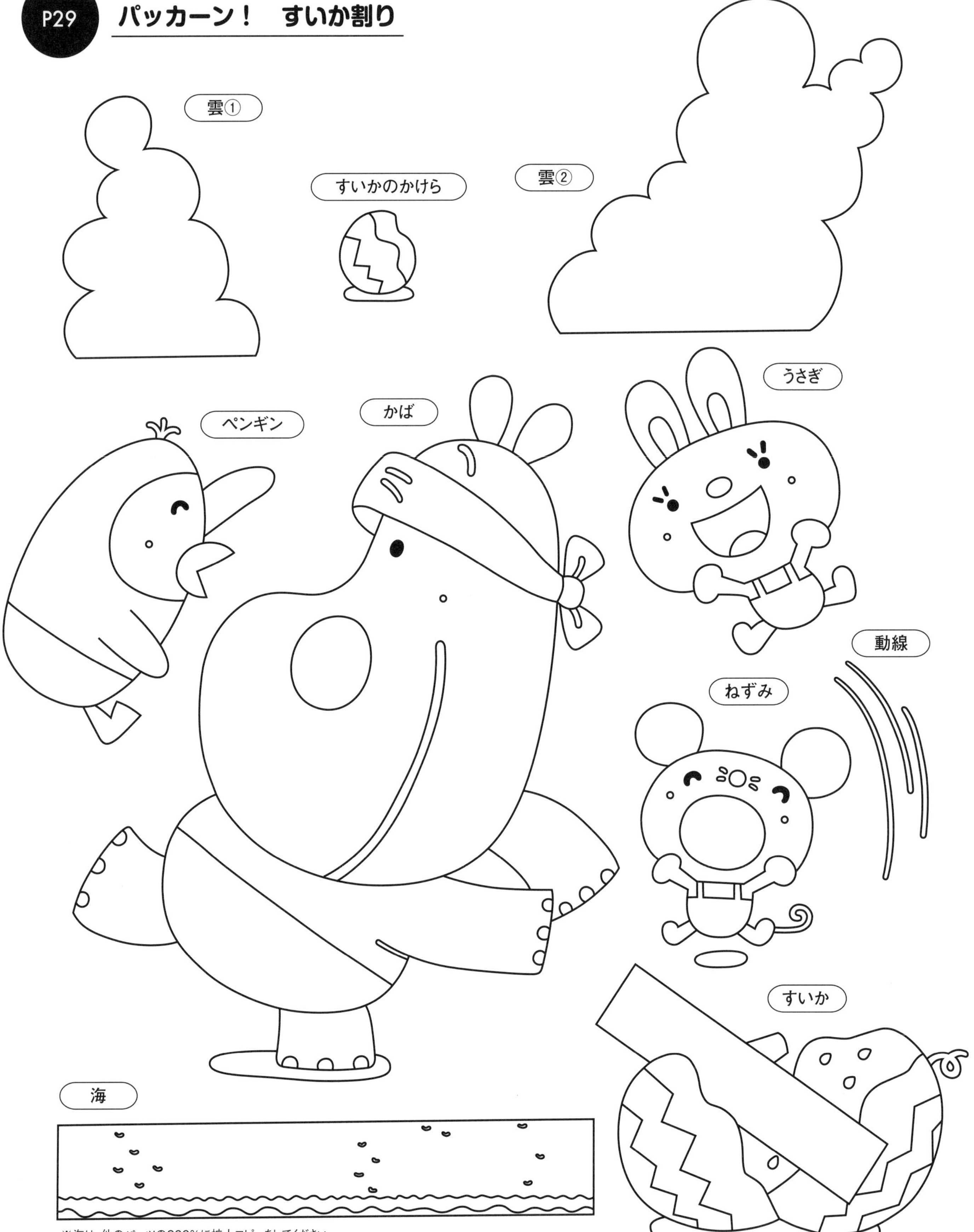

※海は、他のパーツの200%に拡大コピーをしてください。

このメッセージが見えるまで開くときれいにコピーすることができます。

P32〜33 ひまわりいっぱい♪うれしいな

※小さいひまわりは、縮小コピーをしてください。

P36〜37 みんなの花火があがったよ

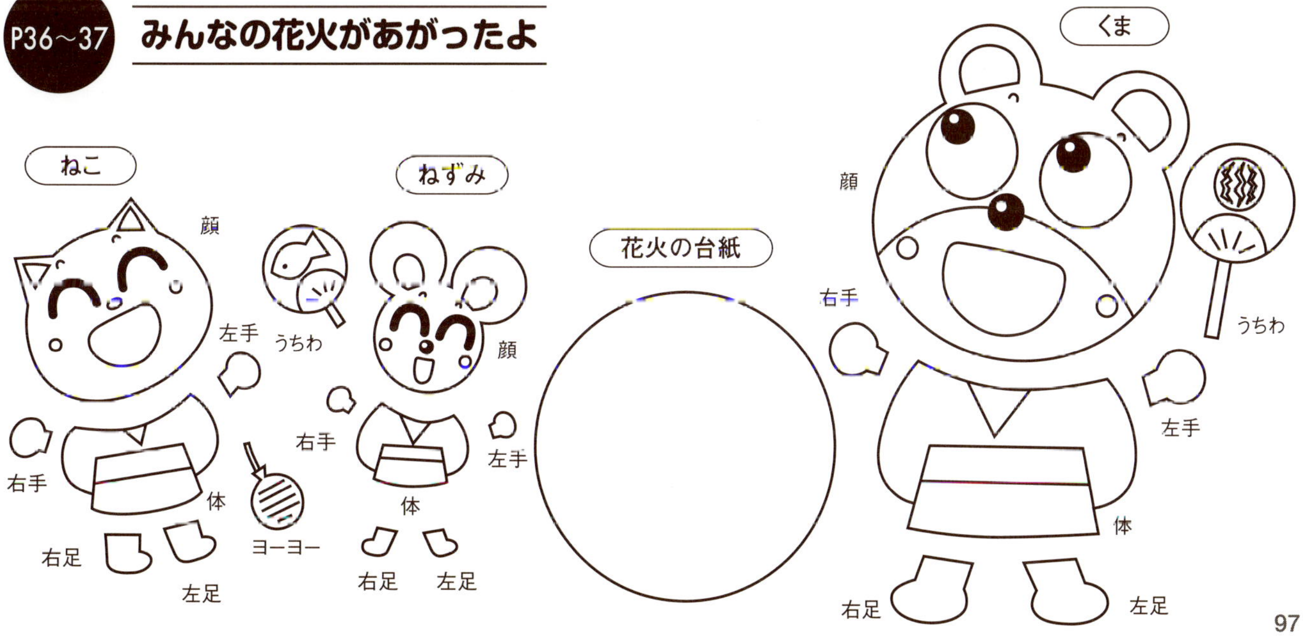

このメッセージが見えるまで開くときれいにコピーすることができます。

P34 はじけるコーンと夏野菜のダンス

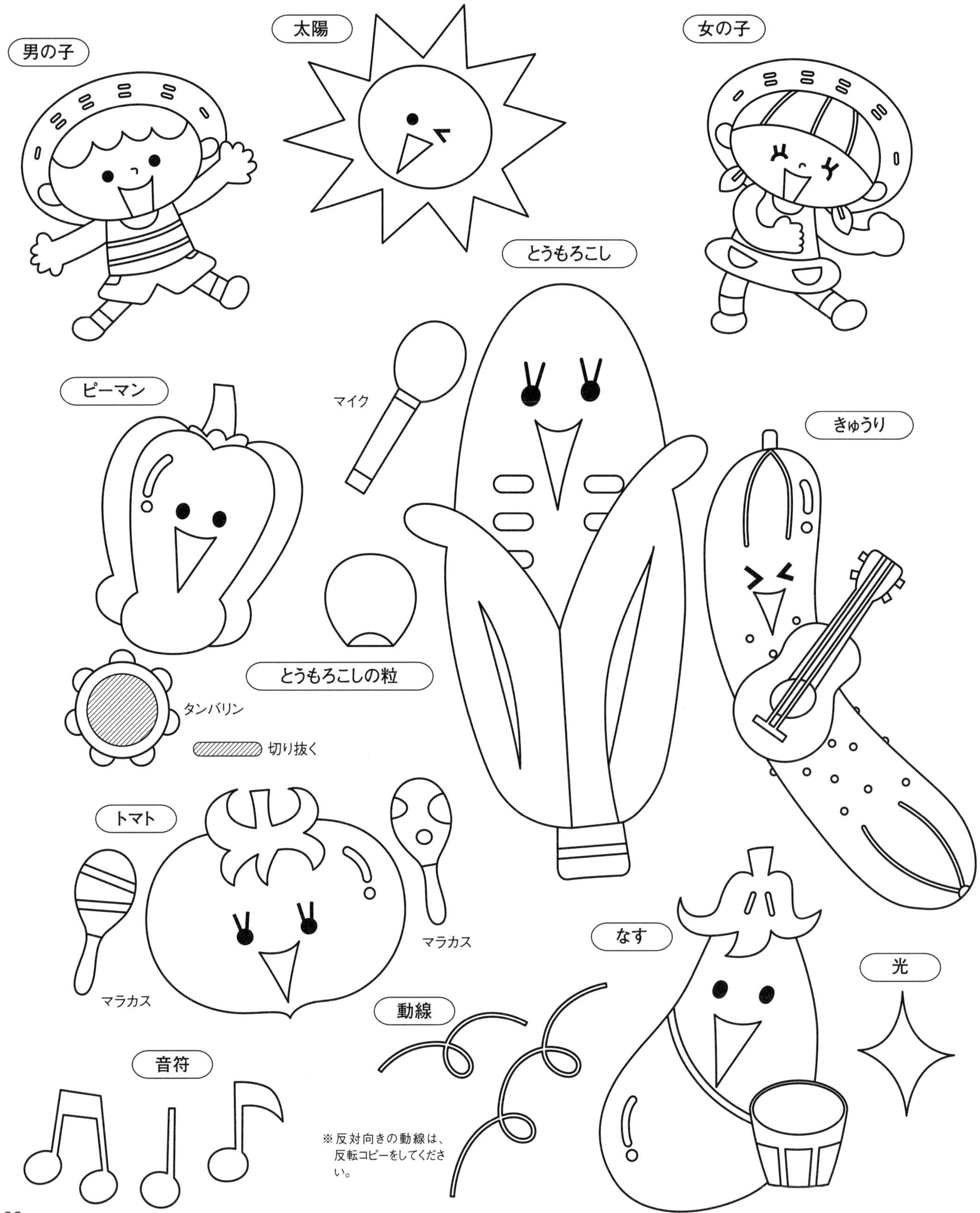

このメッセージが見えるまで開くときれいにコピーすることができます。

P35 くじらさんと遊ぼう！

このメッセージが見えるまで開くときれいにコピーすることができます。

P36～37 浴衣でおめかし

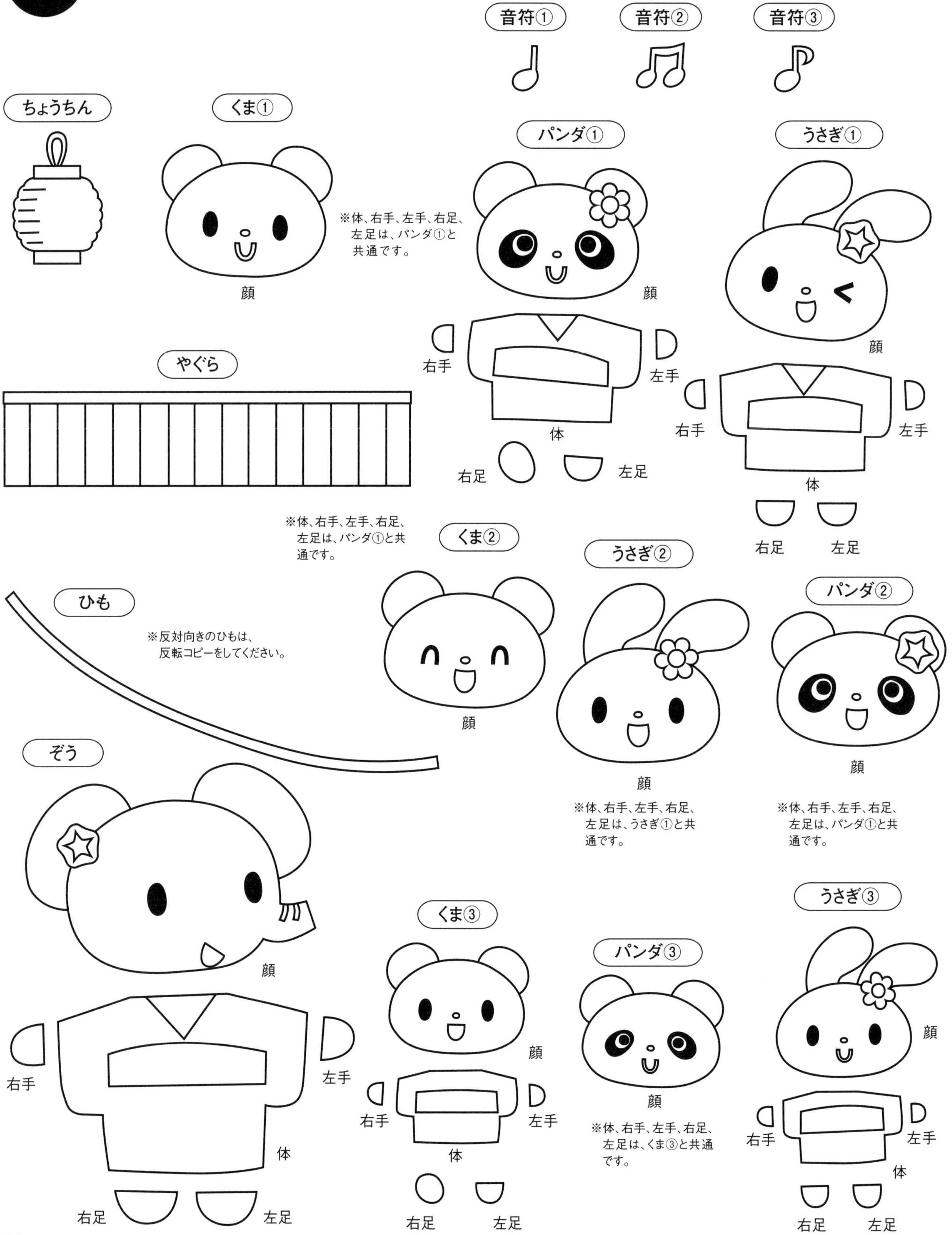

このメッセージが見えるまで開くときれいにコピーすることができます。

P40

きれいなお月様だね

このメッセージが見えるまで開くときれいにコピーすることができます。

P41 秋の夜長の演奏会

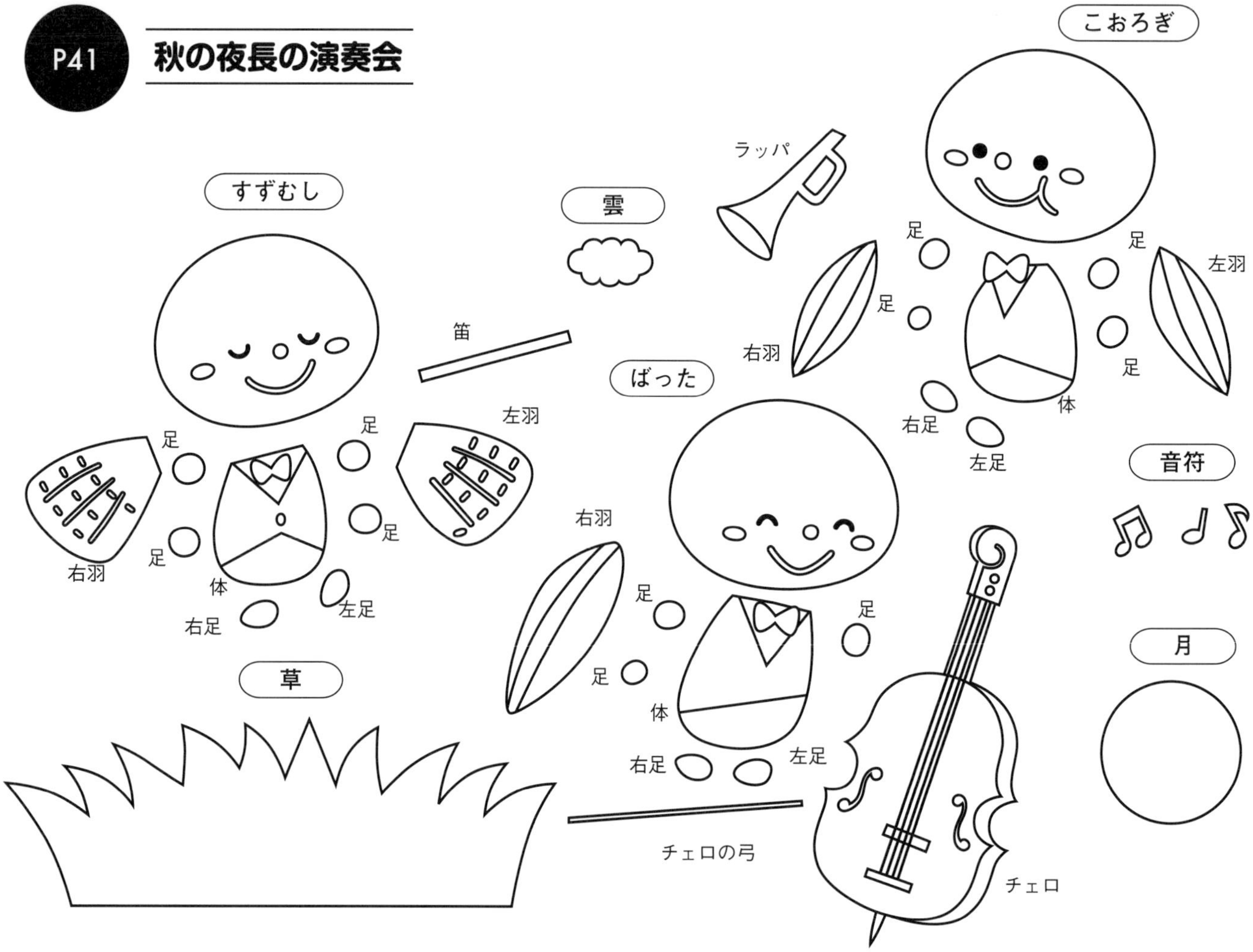

P38〜39 コスモス畑をお散歩しよう

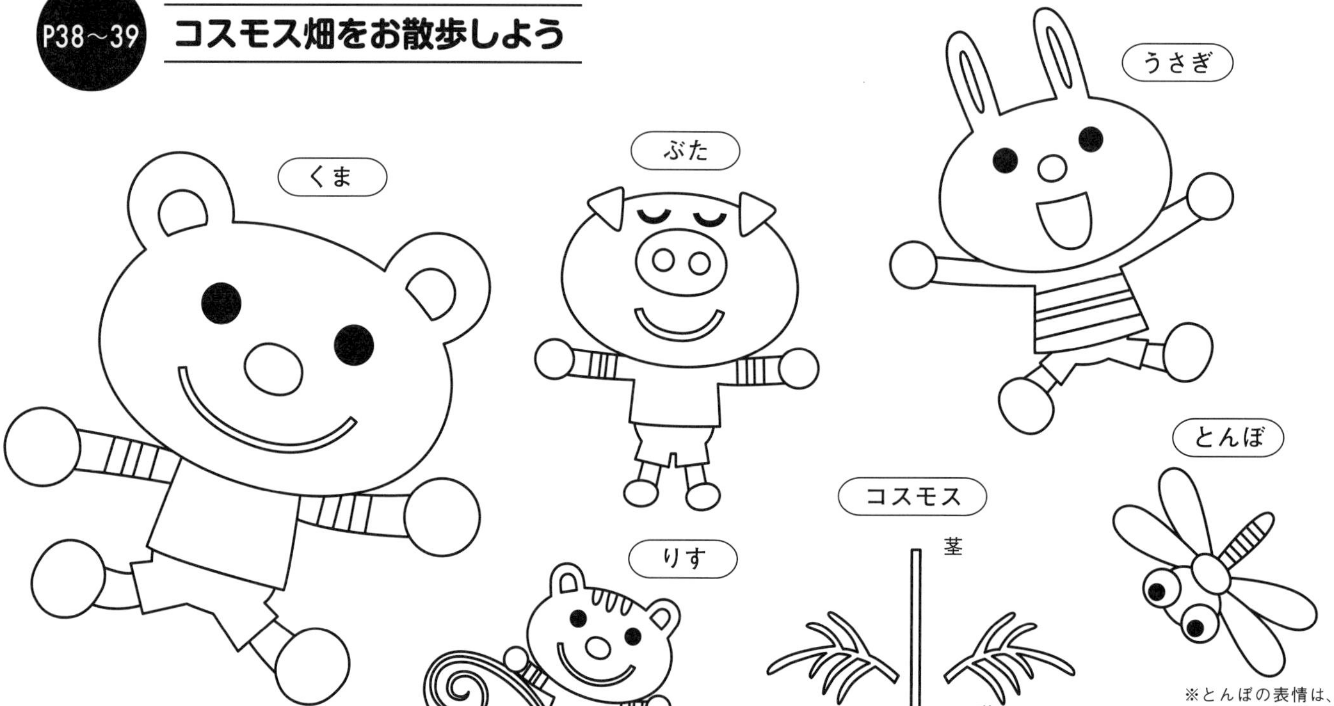

※とんぼの表情は、自由にアレンジをしてください。

このメッセージが見えるまで開くときれいにコピーすることができます。

P42 ぶどう狩りに出かけよう

とり

木

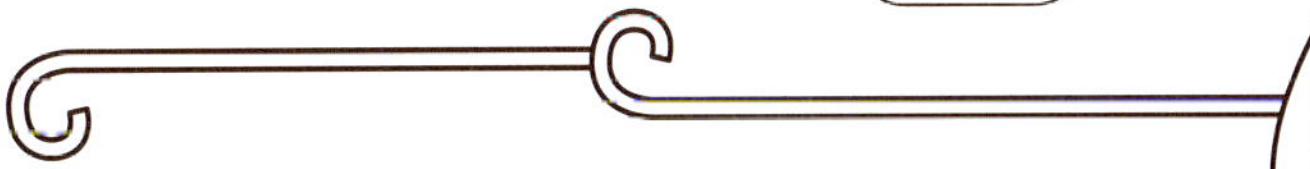

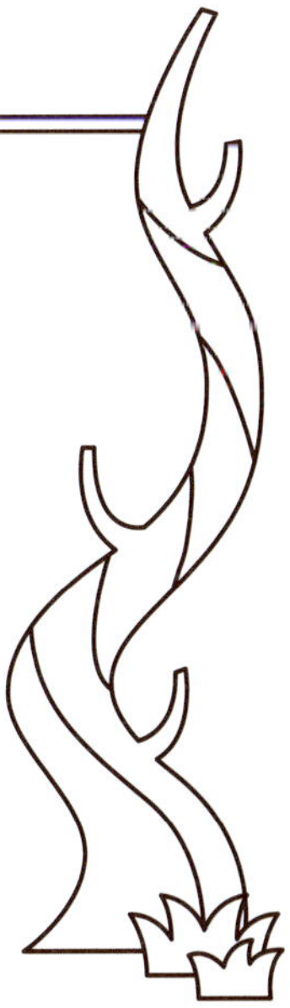

※木は、他のパーツの200%に拡大コピーをしてください。

ぶどうの台紙

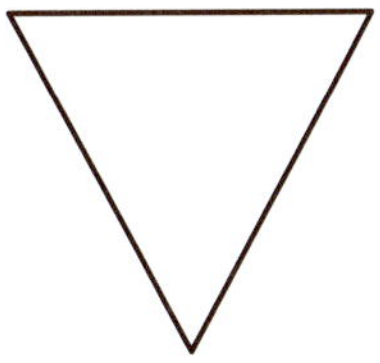

ぶどう

葉

きのこ

草

うさぎ

小人さん

P43 夕焼け小焼けと赤とんぼ

P46 大きなおいもうんとこしょ！

このメッセージが見えるまで開くときれいにコピーすることができます。

このメッセージが見えるまで開くときれいにコピーすることができます。

P44〜45 たくさん実ってうれしいね！

※木は、他のパーツの 200%に拡大コピーをしてください。

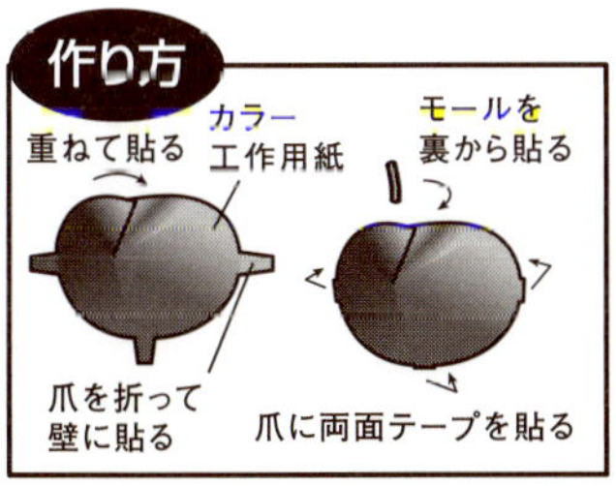

P47 ハロウィーンナイト

月

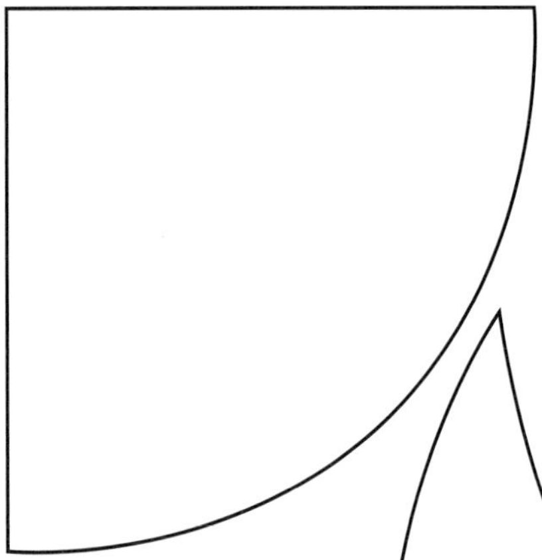

※月は、他のパーツの200%に拡大コピーをしてください。

ねこ

ステッキ

※反対向きのステッキは、反転コピーをしてください。

こうもり

魔女

おばけ③

おばけ①

おばけ②

お城

キャンディー

※小さいキャンディーは、縮小コピーをしてください。
※模様をいろいろ変えてバリエーションを楽しみましょう。

このメッセージが見えるまで開くときれいにコピーすることができます。

このメッセージが見えるまで開くときれいにコピーすることができます。

P48～49 展覧会へようこそ

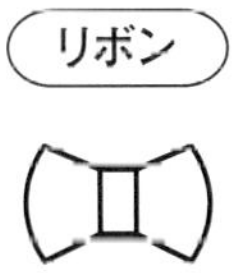

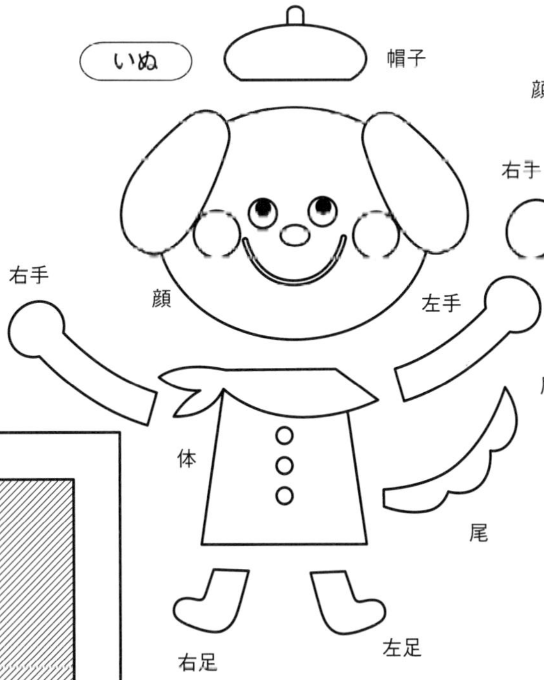

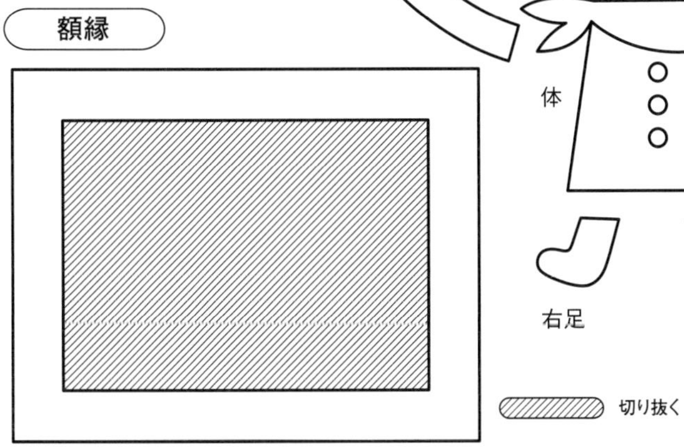

P48～49 カラフル！　オータムツリー

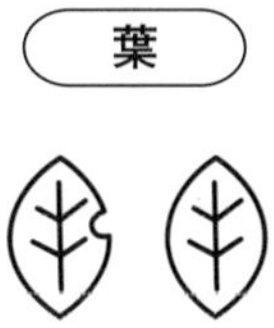

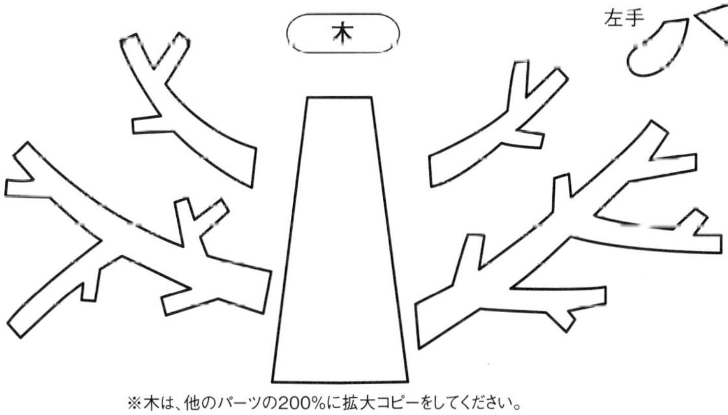

※木は、他のパーツの200%に拡大コピーをしてください。

P50~51 うたえ！　みのむし合唱隊

りす①

りす②

りす③

みのむし

雲

葉

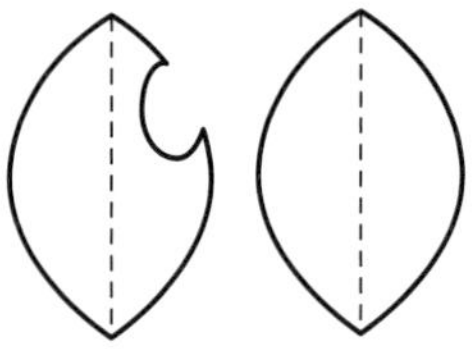

音符

P54 ちとせあめでお祝いしましょ

あめ袋

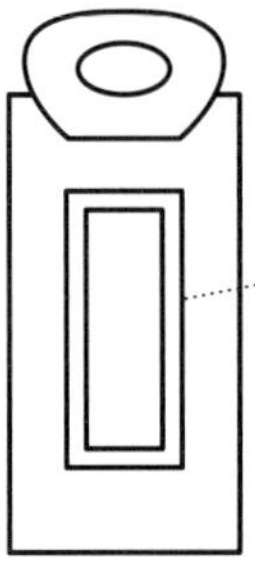

くま

うさぎ

葉

※小さい葉は、縮小コピーをしてください。

影

このメッセージが見えるまで開くときれいにコピーすることができます。

P52 変身！　秋のファッションショー

このメッセージが見えるまで開くときれいにコピーすることができます。

P53 いちょうの木でかくれんぼ

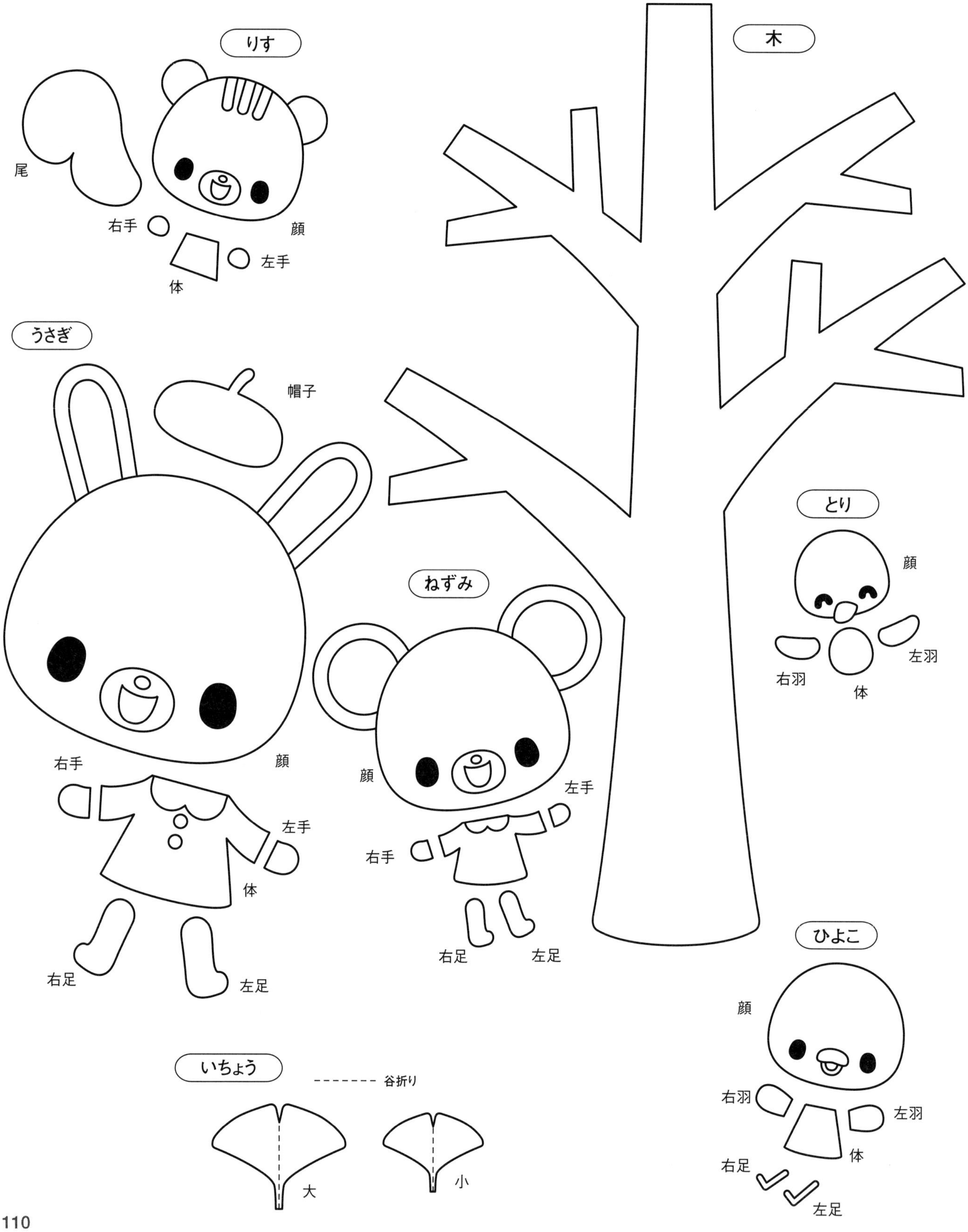

このメッセージが見えるまで開くときれいにコピーすることができます。

P55 カラフルセーターを編もう！

P58 冬に集まれ！　スノーフェアリー

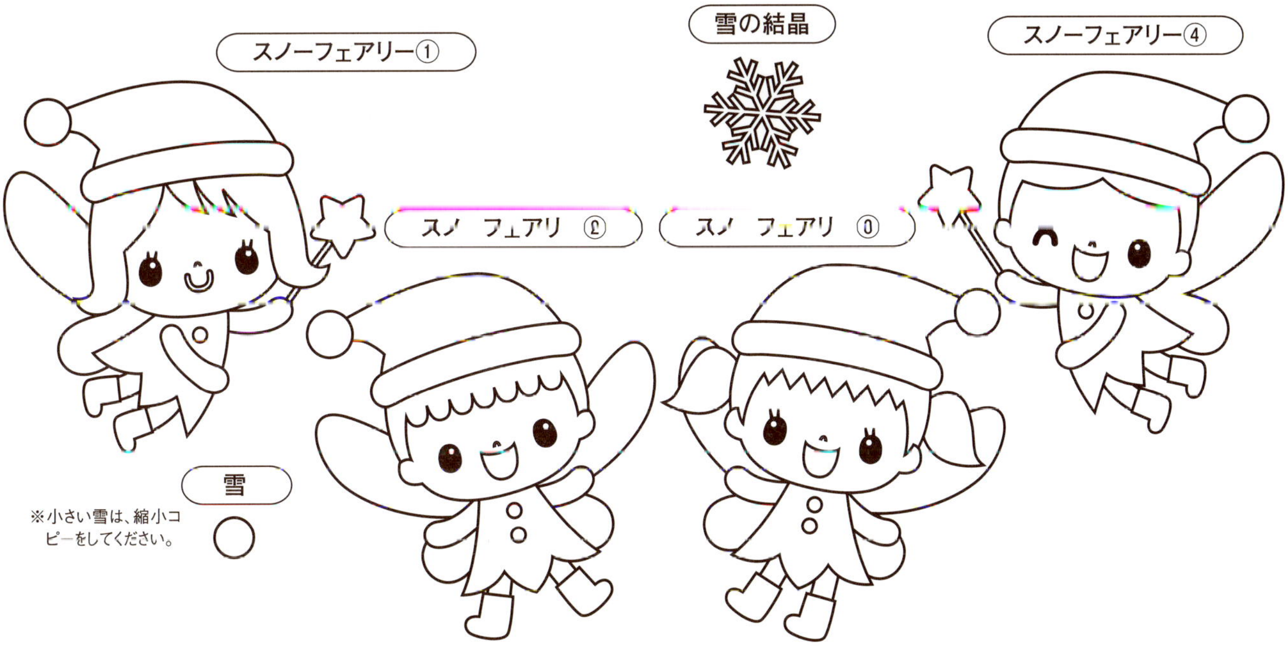

※小さい雪は、縮小コピーをしてください。

P56〜57

星空のくまさんサンタ

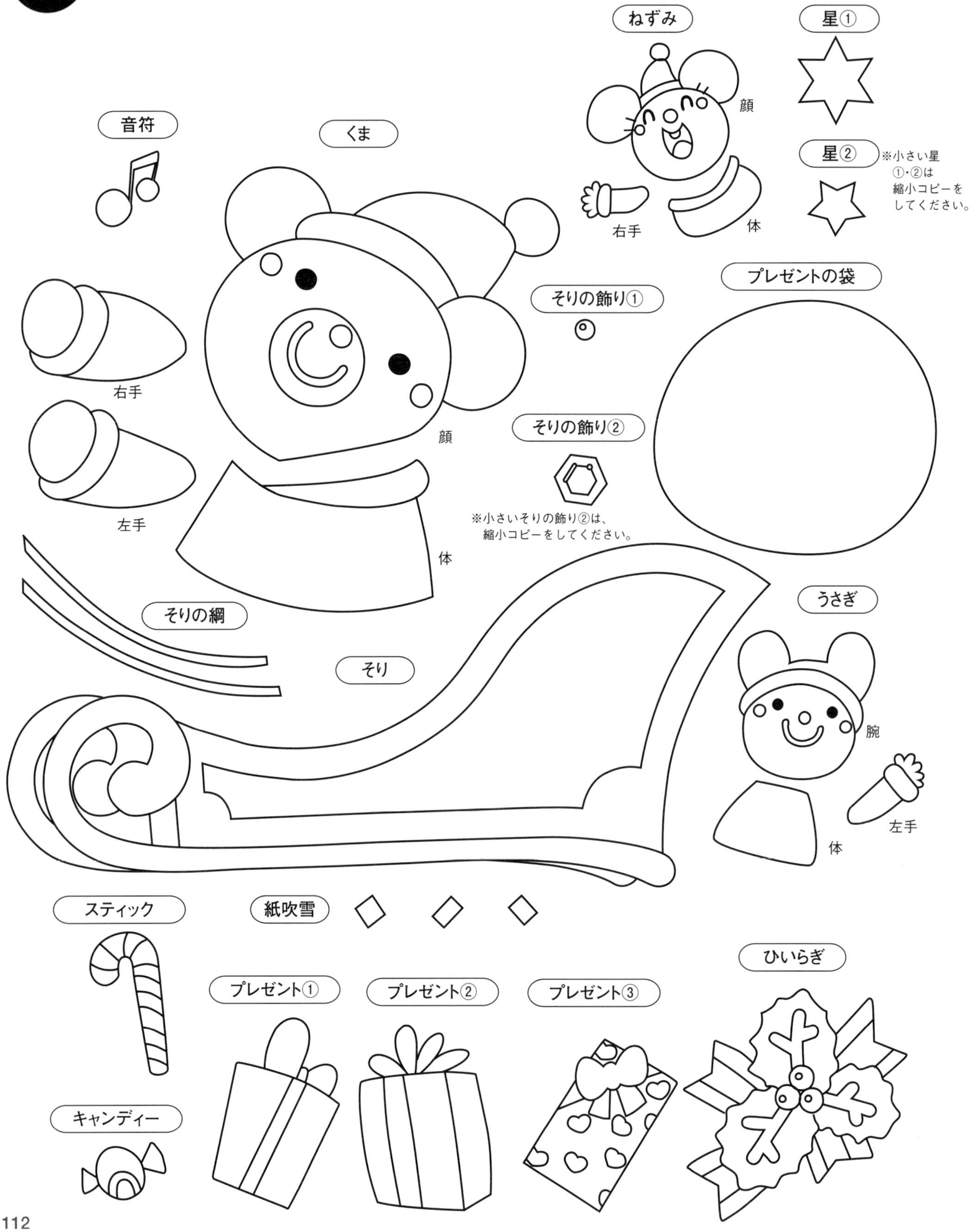

このメッセージが見えるまで開くときれいにコピーすることができます。

P59 わくわくクリスマスパーティー

トナカイ

サンタクロース

くま

うさぎ

ツリー

クッキー

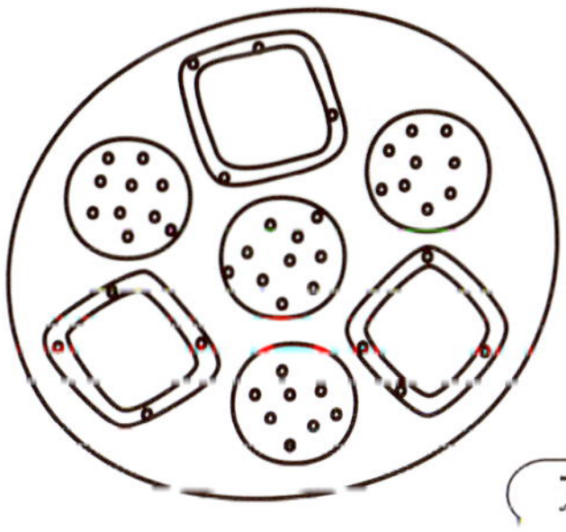

ケーキ

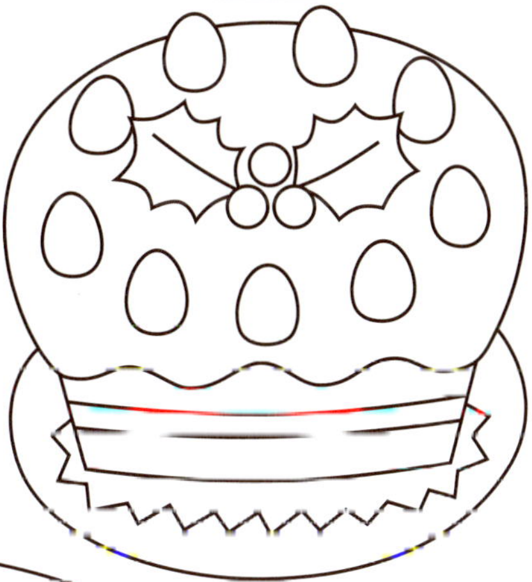

コップ

テーブル

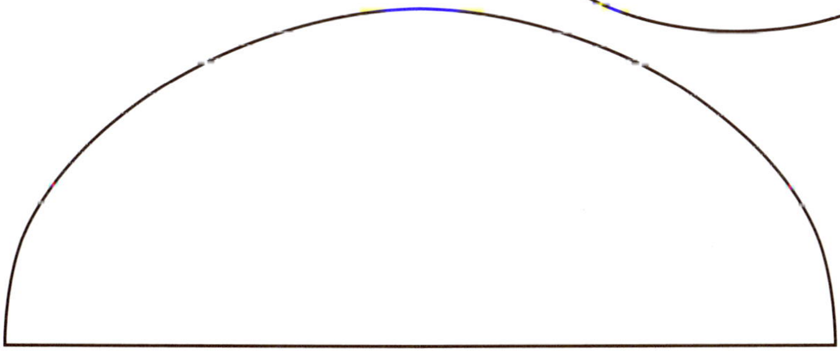

チキン

※テーブルは、他のパーツの200%に拡大コピーをしてください。

P60 クリスマスはもうすぐ！　アドベントカレンダー

くま

とり

ねずみ

裏面のサンタクロースと星

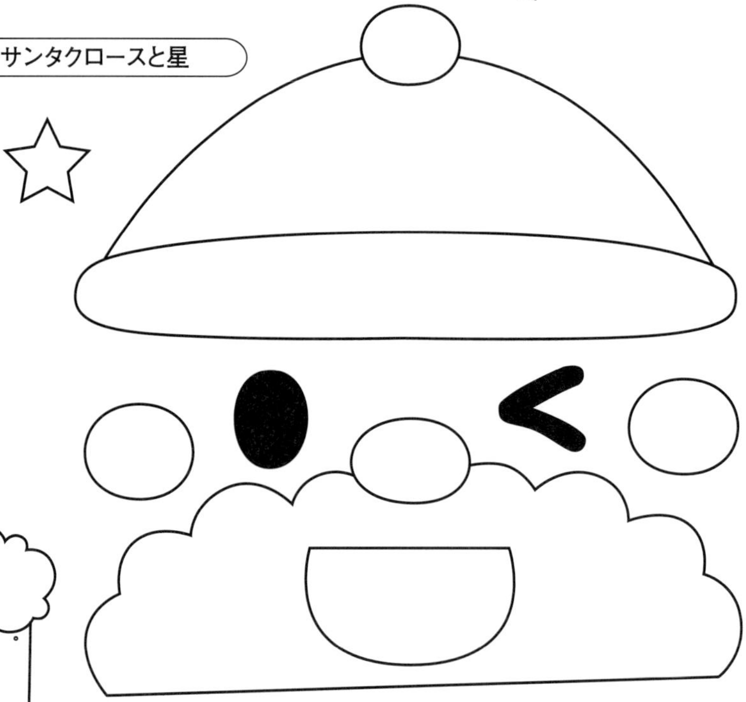

丸

手袋

星

ブーツ

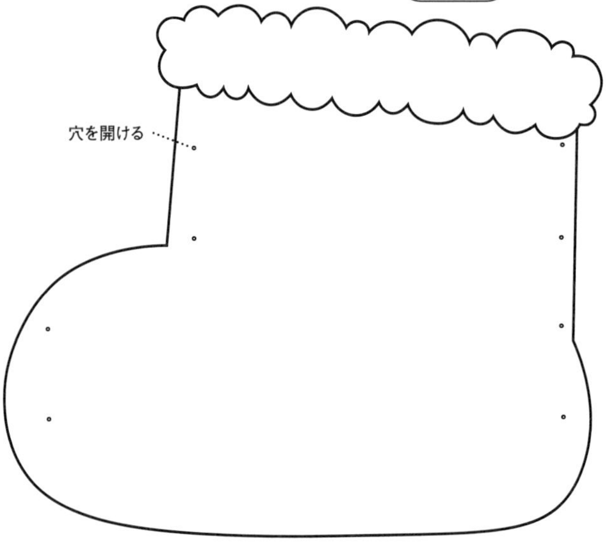

プレゼント

※ブーツは、他のパーツの200％に拡大コピーをしてください。

このメッセージが見えるまで開くときれいにコピーすることができます。

このメッセージが見えるまで開くときれいにコピーすることができます。

P61 おいしそうなケーキいただきまーす

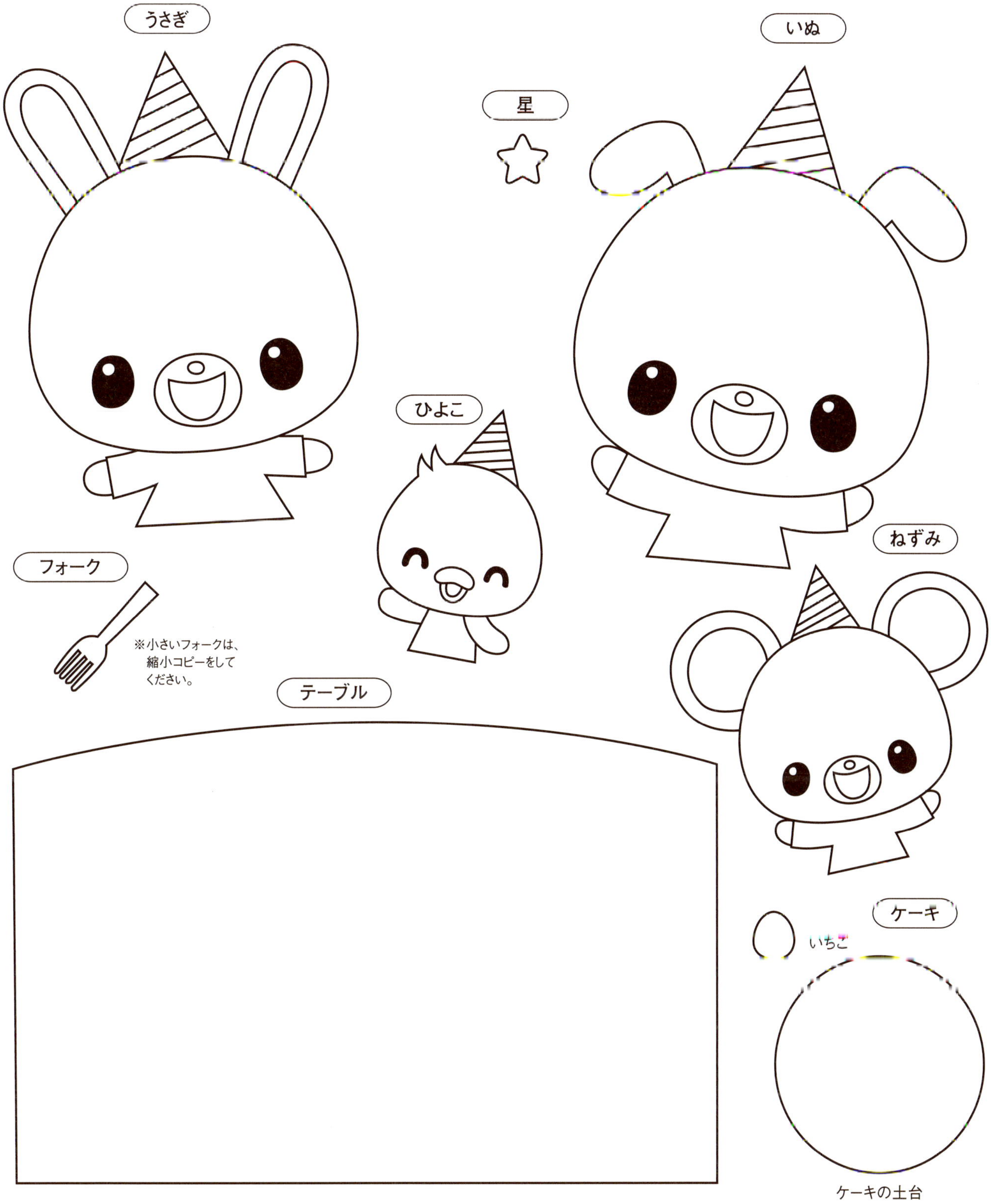

※テーブルは、他のパーツの200%に拡大コピーをしてください。

P62～63 新しい年がやってきた！

※右側の門松と左側の門松は共通です。

このメッセージが見えるまで開くときれいにコピーすることができます。

P64 晴れ着で羽根つき

このメッセージが見えるまで開くときれいにコピーすることができます。

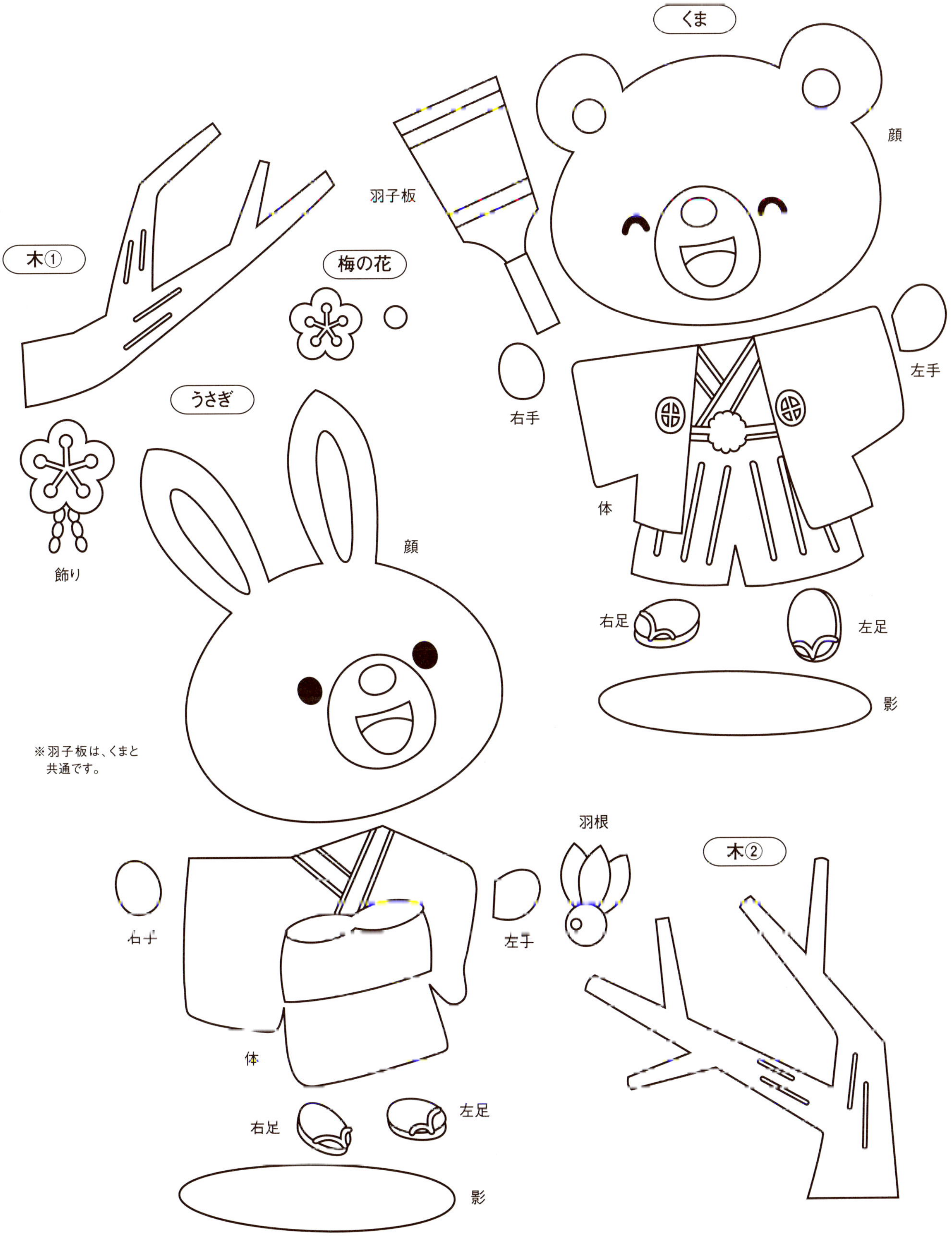

※羽子板は、くまと共通です。

P65 たこたこあがれ！　空高く

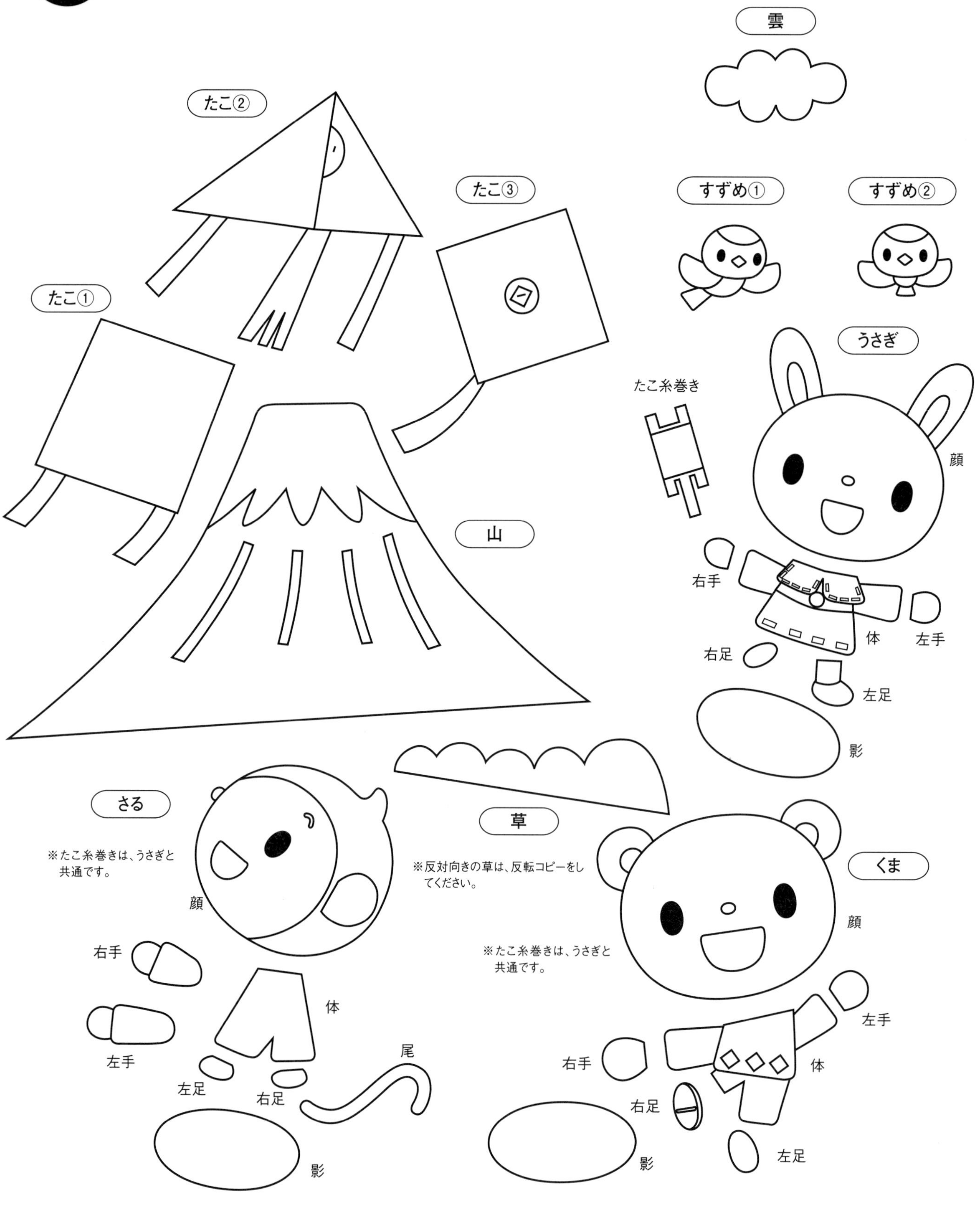

このメッセージが見えるまで開くときれいにコピーすることができます。

このメッセージが見えるまで開くときれいにコピーすることができます。

P66 カラフルごま

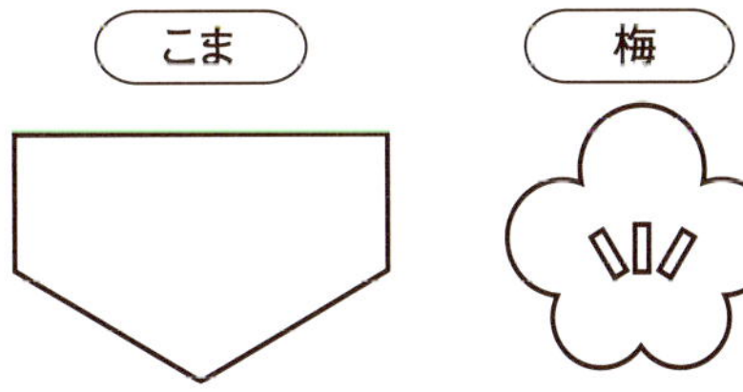

※小さい梅は、縮小コピーをしてください。

P67 手作りカルタで遊ぼう

P68～69 キラキラフィギュアスケート♪

くま

うさぎ

ねずみ②

ねずみ①

雪の結晶

ねずみ③

※小さい雪の結晶は、縮小コピーをしてください。

スケートリンク

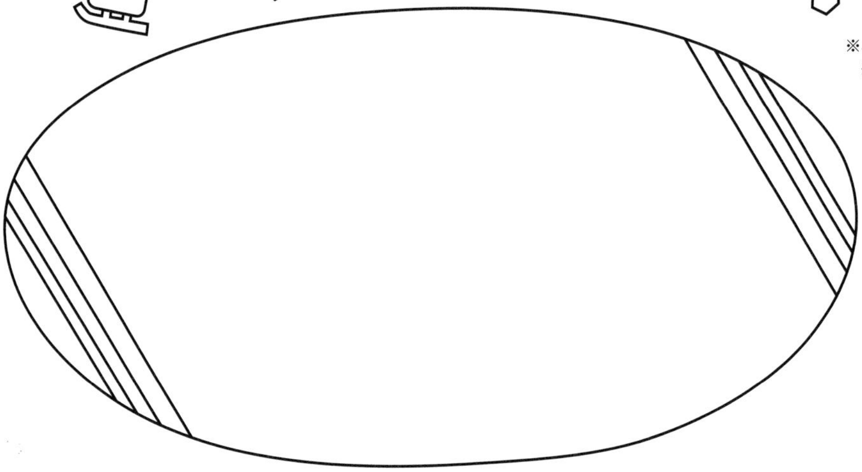

動線

※反対向きの動線は、反転コピーをしてください。

音符

※スケートリンクは、他のパーツの200%に拡大コピーをしてください。

このメッセージが見えるまで開くときれいにコピーすることができます。

みんなで豆まき！　おに退治

※小さい豆は、縮小コピーをしてください。

※小さい飾り①は、縮小コピーをしてください。

このメッセージが見えるまで開くときれいにコピーすることができます。

P71

かまくらって楽しいね！

くま

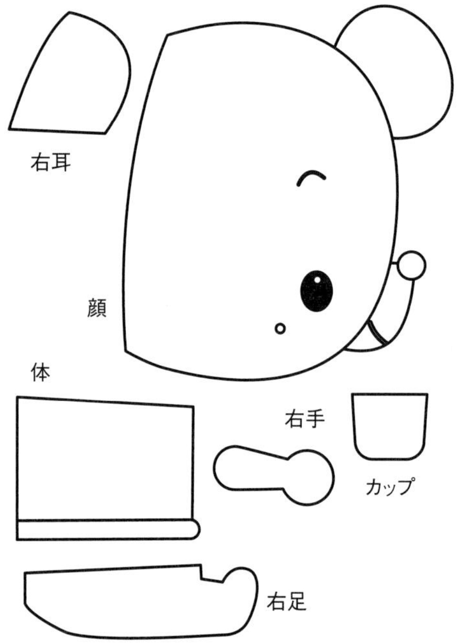

うさぎ

ねずみ

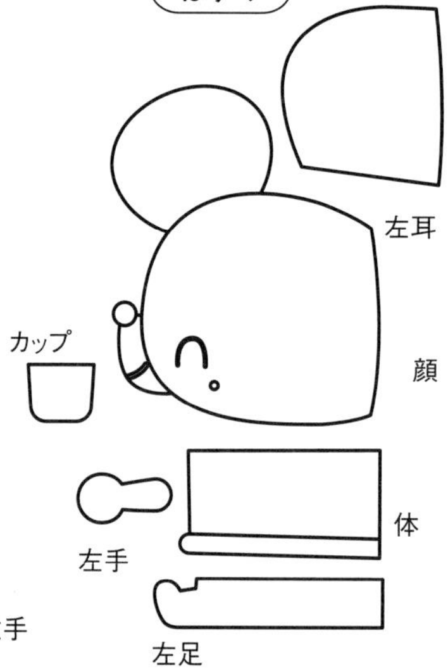

かまくら

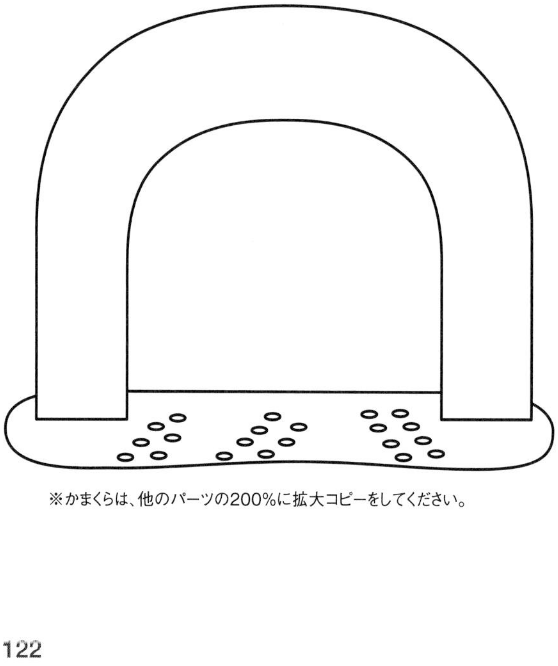

※かまくらは、他のパーツの200%に拡大コピーをしてください。

スキー

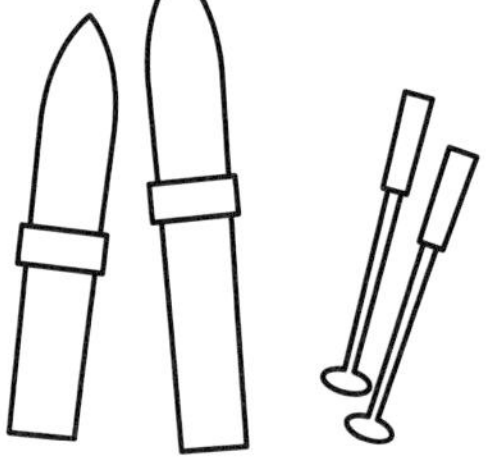

うさぎの雪だるま

木

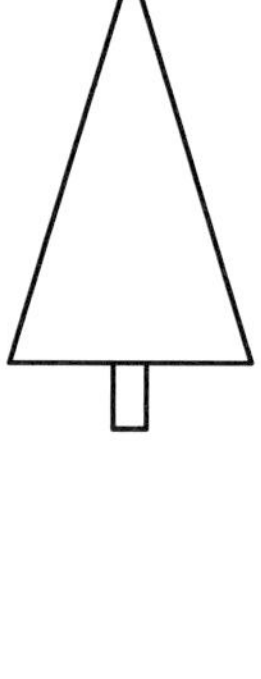

雪の結晶

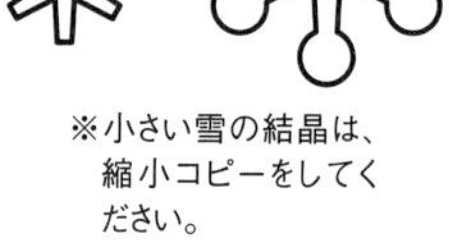

※小さい雪の結晶は、縮小コピーをしてください。

雪

※小さい雪は、縮小コピーをしてください。

このメッセージが見えるまで開くときれいにコピーすることができます。

P72〜73 いらっしゃい！　ラーメンのできあがり

P72〜73 雪だるま大集合

※小さい雪の結晶は、縮小コピーをしてください。

このメッセージが見えるまで開くときれいにコピーすることができます。

P74～75 春ですよー！　みんなで遊ぼう

※小さいなのはなは、縮小コピーをしてください。

このメッセージが見えるまで開くときれいにコピーすることができます。

P76

ちょうちょうさんのひな祭り

このメッセージが見えるまで開くときれいにコピーすることができます。

P77 めだかさん、スーイスイ

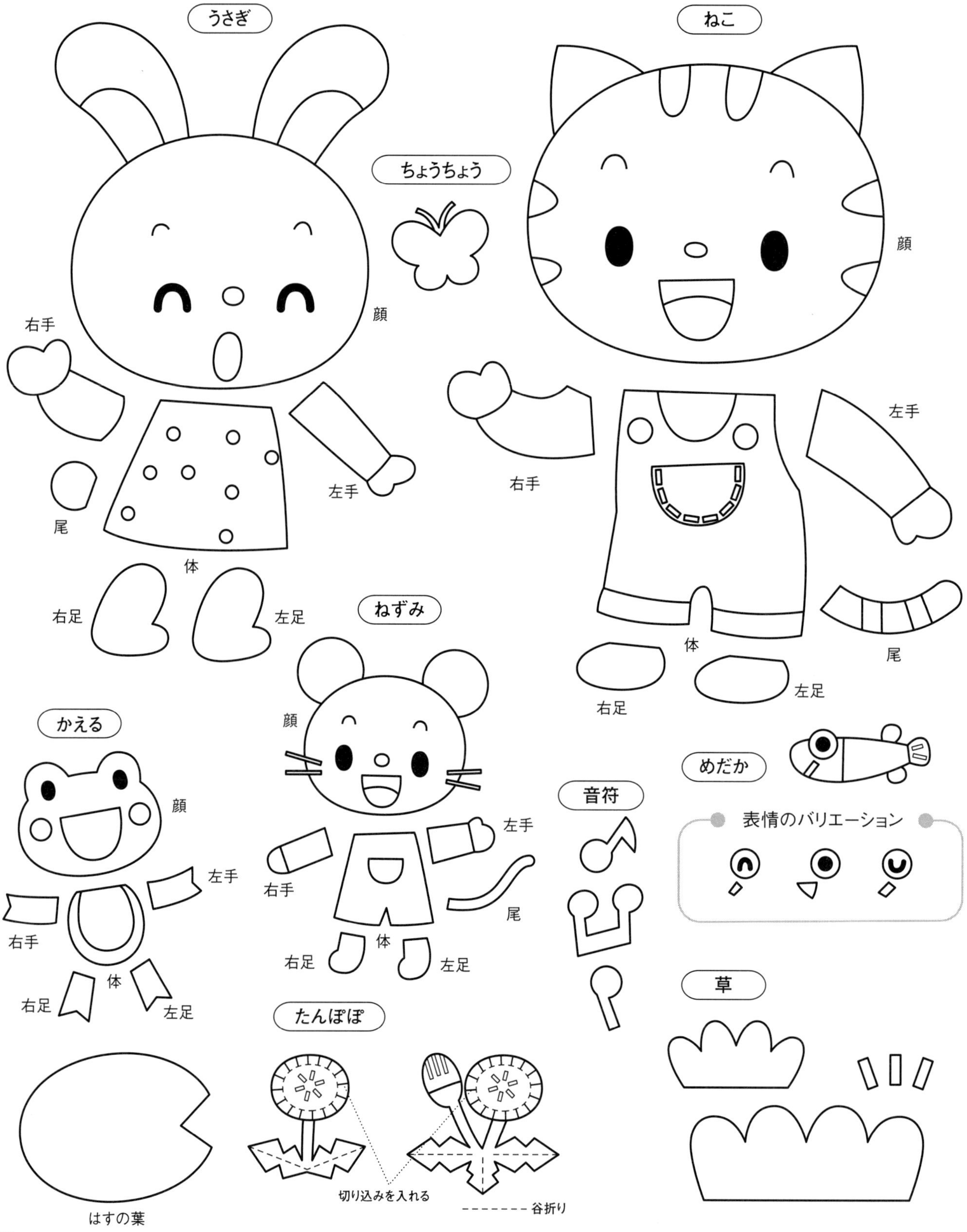

P78～79 マーチングバンドでおめでとう

このメッセージが見えるまで開くときれいにコピーすることができます。

●案・製作（50音順）

あかまあきこ、イシグロフミカ、礒みゆき、いとう・なつこ、うえはらかずよ、浦田利江、おおしだいちこ、尾田芳子、菊地清美、坂本直子、佐々木聡子、さとうゆか、＊すまいるママ＊、たちのけいこ、たはらともみ、とりう みゆき、西内としお、町田里美、藤江真紀子、冬野いちこ、まーぶる、みつき、宮尾怜衣、宮本えつよし、もり 結、ユカリンゴ、 YUU

表紙・本文デザイン	グリーンエレファント
型紙トレース	金入亜希子、株式会社奏クリエイト、プレーンワークス
作り方イラスト	天田よう、河合美穂、高山千草、みつき
撮影	林 均、正木達郎
本文校正	有限会社くすのき舎
編集	石山哲郎、田島美穂

ポットブックス
かわいさいっぱい！ ハッピー壁面 12か月

2016年2月　初版第1刷発行
2023年1月　　　第7刷発行

編者／ポット編集部　©CHILD HONSHA CO.,LTD.2016
発行人／大橋 潤
発行所／株式会社チャイルド本社
〒112-8512　東京都文京区小石川5-24-21
電話／03-3813-2141（営業）　03-3813-9445（編集）
振替／00100-4-38410
印刷・製本／共同印刷株式会社
ISBN978-4-8054-0245-0
NDC376　26×21cm　128P　Printed in Japan

チャイルド本社ホームページアドレス
https://www.childbook.co.jp/
チャイルドブックや保育図書の情報が盛りだくさん。どうぞご利用ください。